나는 괜찮을 줄 알았습니다

Lebensnebel

번아웃과 우울증을 겪은
심리치료사의 내면 일기

노라 마리 엘러마이어 지음
장혜경 옮김

Lebensnebel

나는 괜찮을 줄 알았습니다

갈매나무

내 아이들에게

인생은 의미가 있어야 한다.
하지만 더도 말고 스스로에게 줄 수 있을 꼭 그만큼의 의미여야 한다.

– 헤르만 헤세

차 례

글을 시작하며 이 모든 것은 어떤 의미가 있는가   10

첫 번째 이야기
나는 내가 괜찮을 줄 알았다

무의식은 '그것'을 잊지 않는다   22

아버지의 죽음이 던진 질문   30

"내가 할지 못할지 어디 두고 보자고."   35

굴러오는 공을 차면 다음 공이 날아왔다   41

의사가 제일 나쁜 환자가 되는 경우   48

우울증은 여전히 맨 마지막 가능성이었다   52

심리치료사의 우울증 노트 |
심리적 위기, 질병인가 건강한 반응인가

감정이 '아플' 수 있다   62

우울증에 걸리면 실패한 인생일까?   67

심리질환의 숨은 요인들   74

두 번째 이야기
나는 혼자가 아니었지만

나는 내가 낯설었다   82

"왜 하필 나야?"   88

"필요하면 언제라도 연락해."라는 말에 대하여   93

나는 다시 나의 손을 잡았다   97

심리치료사가 우울증에 걸리다니   105

"필연은 우연의 옷을 입고 나타난다."   113

그럼에도 삶은 제 갈 길을 간다   121

심리치료사의 우울증 노트 II

번아웃과 우울증에 관하여

사회적으로 거부감이 적은 번아웃　　132

물통을 넘치게 하는 마지막 한 방울의 물　　138

자살하지 않는 것이 더 용감하다　　145

누구에게나 통하는 치료법은 없다　　151

세 번째 이야기

나는 내 마음의 심연을 들여다보았다

내가 진짜로 견딜 수 없었던 것, 도망치고 싶었던 것　　160

'좋다', 그리고 '이 정도면 충분히 좋다'　　167

내가 예전과는 다른 사람이 되어도 잘 살아갈 수 있을까?　　172

우리는 자신이 병에 걸릴 수 있다는 생각을 하지 않는다　　179

"돌아오셔서 정말 기뻐요."　　187

받아들임과 내려놓음이 체념은 아니다　　192

심리치료사의 우울증 노트 Ⅲ
심리치료는 어떻게 하는 것인가

스스로에 대해 더 많이 알게 되는 과정   200

살다 보면 인생이 뜻대로 되지 않을 때가 더 많다   206

인간적인 것은 다 심리치료의 대상이다   210

'극한의 삶'이 습관이 되어버린 시대   216

번아웃이 우리에게 던지는 질문   222

역자 후기 행복은 무더운 여름 끝자락에 실려 온
한 줄기 서늘한 바람   227

이 모든 것은 어떤 의미가 있는가

지난 십 년 동안 나는 심리치료사의 입장에서 탈진의 위기를 겪는 수많은 사람과 동행하였다. 그러나 그 많은 경험도 정작 삼십 대 중반의 내가 우울증에 빠졌을 때는 아무 도움이 되지 못했다. 우울증은 너무나 고통스럽고 너무나 심오한 실존적 경험이었다. 지금껏 나라는 인간의 버팀목이라 믿었던 모든 것들이 사정없이 뒤흔들렸다. 그 정도로 갑자기 무기력과 절망의 상태가 들이닥칠 것이라고는 평생 한 번도 예상치 못했다. 지금껏 단단하다고 믿었던 모든 것들이 흐물흐물 녹아내리는 기분이었다.

탈진과 번아웃, 우울증에 관한 이론이라면 모르는 것이 없었고, 환자들을 통해 그런 심리적 예외 상태의 경험세계를 수도 없이 들여다보았지만 그제야 나는 우울증이 얼마나 설명하기 힘들고 이해하기 힘든 것인지를 절감하였다. 우울증의 심연이 얼마나 까마득한지 겪어보지 못한 사람은 상상도 할 수 없다. 적어도 나는 그런 느낌을 받았다. 경험하지 못한 사람은 절대 이해할 수 없기 때문에 우울증은 절절한 외로움을 동반하며, 아무리 노력해도 주변 사람들은 나를 이해하지 못할 것이라는 고독과 고통을 동반한다. 우울증은 말로 표현할 수 없으며, 아무리 노력해도 단편적으로밖에는 이해시킬 수 없는 질병이다.

우울증과 탈진, 번아웃에 대한 책을 써보면 어떨까 처음 고민할 무렵 제일 큰 걱정은 이미 수많은 말과 글이 나와 있는 이 주제에 덧붙일 새로운 내용이 있을까 하는 것이었다. 그러나 이 책은 기존의 다른 책들과 달리 번아웃과 우울증의 여러 측면을 두 가지 관점에서 조명할 수 있다. 하나는 심리치료사의 직업적 경험, 또 하나는 우울증을 직접 앓은 환자의 경험에서다.

나는 내가 우울증을 앓았을 때 읽었더라면 좋았을 테지만 그때는 찾지 못했던 그런 책을 쓰고 싶었다. 우울증에 관한 학술 논문도 아니고 환자에게 이렇게 해라, 저렇게 해라 충고하는 자문서도 아닌, 우울증이라는 현상을 여러 각도에서 조명하여 번아웃과 우울증이 가진 다양한 측면을 보여줄 수 있는 책을 쓰고 싶었다.

또 가능하다면 거기서 한 걸음 더 나아가 독자들에게 삶과

그 삶의 한계를 실존적 차원에서 고민할 수 있는 계기를 주고
싶었다. 독일어로 인생을 의미하는 단어 Leben은 거꾸로 쓰
면 안개라는 뜻의 Nebel이 된다. 이 두 단어의 얽힘이 마음에
들어 나는 이 책의 제목에 인생과 안개를 함께 집어넣었다.(이
책의 독일어 원제는 《Lebensnebel(인생의 안개)》이다.-옮긴이) 안개는
심리적 위기를 상징하는 표현이지만, 사실 우리의 실존과도
떼려야 뗄 수 없는 관계이다. 물론 우울증은 특히나 짙은 안
개일 테지만, 우울증이 없다 해도 우리의 인생은 한 치 앞을
내다볼 수 없는 자욱한 안개와 같다.

우울증이 곁을 따라다녔던 지난 몇 년 동안 나는 경험 차
원에서도 치료 차원에서도 이 특별한 질환을 심도 있게 파헤
쳤다. 무서울 만큼 나락으로 떨어졌다 오르기를 수없이 되풀
이한 시간이었다. 가장 힘들었던 시기에는 글조차 쓸 수 없었
지만 시간이 조금 지나자 글쓰기가 생각과 느낌을 성찰하고
정돈하는 데 큰 도움이 되었다. 이 책은 그런 과정을 거쳐 탄
생하였다. 우울증을 자신과 연관지어 생각하기가 수월하지는
않았지만 그런 마음의 정리 과정을 거쳐 이제는 우울증을 나
의 일부로 받아들일 수 있게 되었다.

이 책에서 나는 나의 경험담을 기록했다. 이 책을 읽은 독자들이 나의 경험담을 통해 우울증을 더 실감나게, 더 쉽게 이해할 수 있기를 바라서다. 또 우울증이라는 낙인에 저항하고, 우울증 환자들이 허심탄회하게 우울증에 대해 이야기할 수 있도록 용기를 주기 위함이다. 그런 의미에서도 이 책은 계몽과 경험의 세계를 잇는 다리가 되어줄 것이다.

나는 이 책을 통해 우울증을 앓고 있거나 우울증에 관심이 많은 사람들에게 우울증과 탈진의 이유를 캐묻고 나아가 삶을 새롭게 고민하고 만들어가자고 격려할 것이다. 내 경험에서 자신의 모습이나 지인의 모습을 발견할 독자도 있을 것이다. 안타깝지만 이 책이 우울증 극복의 '만병통치약'이 되지는 못할 것이다. 그러기에는 우울증은 너무나 복잡하고 개별적인 질병이다. 따라서 내가 할 수 있는 일은 심리적 위기가 전하는 개별적인 메시지에 귀를 활짝 열고 그것을 받아들이자는 호소와 격려일 것이다.

이 책에서 나는 나의 경험담과 더불어 우울증에 관한 일반적인 임상 지식들을 소개하려 한다. 또 우울증의 치료 가능성과 심리장애의 사회적 측면들에 관해서도 살펴보고자 한다. 내가 심리치료에 특히 주목한 이유는 그것이 가진 풍성한 가능성을 일반인들은 상상하기가 쉽지 않기 때문이다. 지난 십 년 동안 나는 심리치료사로 일하며 심리적 위기에 빠진 많은 사람들과 동행하였다. 이 기회에 그 소중한 경험의 보고를 되돌아볼 수 있어 좋았고 나아가 이 책을 읽은 많은 독자들이 용기를 내어 심리치료가 선사할 수 있는 기회를 붙들 수 있다면 더욱 기쁠 것이다.

이 책은 또한 우울증의 사회적 요인에 대해서도 살펴볼 것이다. 이 시대는 역사상 유례가 없을 만큼 많은 자유와 가능성을 제공하지만, 정작 다시 속도를 줄이고 삶의 기본과 본질에 다가갈 수 있기를 갈망하는 사람들이 늘고 있다. "내 인생에서 정말로 중요한 것이 무엇이며 무엇이 진정한 만족을 주는가?" 대답은 거의 언제나 비슷하다. 건강, 가족, 친구, 시간, 충분한 수입과 치안 등 매우 기본적인 것들이다.

우리가 엄청난 에너지를 들여 이루고자 하는 것들은 의외로 큰 만족을 주지 못한다. 저 깊은 차원에서 우리를 풍요롭게 하는 것은 우리 생각과 달리 학벌이나 출세, 외모와 패션, 비싼 차와 해외여행이 아니다. 하지만 우리 스스로가 정해놓은 게임의 룰에서 다시 빠져나오기란 불가능해 보인다. 우리는 최고의 개성을 자랑하는 시대를 살고 있지만 정작 자신만의 길을 걸어갈 용기가 없다. 그래서 쉬지 않고 자신에게 채찍질을 가하고 불가능에 가까운 지나친 요구를 해댄다. 이런 식의 삶이 좋을 리 만무하다는 것을 누구보다 잘 알면서도 어쩔 도리가 없다. 그리고 이런 긴장관계는 당연히 대가를 요구한다. 경고등이 깜빡일 정도로 치솟는 심리질환이 바로 그 증거이다.

다시 말하지만 이 책은 행동 지침이나 충고가 아니다. 나는 한 번도 다른 사람들이 내 우울증의 비밀을 캐내거나 해결할 수 있다고 생각하지 않았다. 우울증을 받아들이고 그것을 대하는 나의 자세를 바꾸려면 성찰의 과정이 필요하다. 물론 그 과정에서 타인의 인생사와 경험에 귀를 기울이고 그것을 참조할 필요는 있다. 각양각색의 많은 사람들과 대화를 나누다 보면 자기 나름의 이해와 해석을 찾을 수 있을 테니까 말이다. 또 진솔한 마음으로 자신의 감정에 귀 기울일 필요도 있다. 타인의 기대와 요구에 신경을 곤두세우느라고 삐뚤어진 '자화상'이 아니라 진짜 자신의 감정에 귀를 기울여야 한다.

중병을 앓는 사람들이 다 그럴 테지만 나 역시 늘 되물었다. '왜 하필 나인가?' 혹은 '내가 무슨 잘못을 했기에 이런 병이 들었을까?'라고. 하지만 이런 식의 '왜'는 아무런 도움이 되지 않는다. '왜 하필 나인가?'라고 묻지 말고 '이 모든 것이 무슨 의미가 있는가?'라고 물어야 한다. 그 '무엇'이 위기를 넘어 미래로 나아가도록 우리를 이끌어줄 테니 말이다.

물론 솔직히 말해 나 역시도 처음에는 내 병에서 아무런 의미를 발견하지 못했다. 병이 병이지 무슨 의미가 있을 것이냐고 생각했다. 주변에서 우울증에도 의미가 있다는 증언들이 쏟아졌지만 너무 괴롭고 힘이 들어서 전혀 들리지 않았다. 주변 사람들은 병이 기회라고, 이제부터 나는 지금까지와는 다른 심도 있는 심리치료를 할 수 있을 것이라고, 흔들렸던 마음의 깊이만큼 치료의 폭도 더 넓어질 것이라고 말했다. 하지만 나는 폭 따위 더 넓어지지 않아도 좋으니 그냥 하던 일을 계속할 수 있기라도 하면 좋겠다는 심정이었다. 의미니 뭐니 하는 말은 그저 조금이라도 잘 견디려는, 혹은 무력감을 이겨내려는 안간힘에 불과하다고 생각했다. 그런 참담한 무기력 상태가 무슨 의미가 있다는 것인지 도무지 이해할 수 없었다. 이런 경험은 안 하면 안 할수록 좋은 것 아닌가?

사실 우울증 그 자체는 의미가 없다. 의미는 우리가 부여해야 하는 것이다. 그러자면 일단 살아남아야 하는데, 누구나 다 그럴 수 있는 것은 아니다. 젊은 여성 환자가 있었다. 그녀의 목숨을 구하기 위해 무진 애를 썼지만 결국 그녀는 목숨을 끊고 말았다. 그런 사건에서 나는 아무런 의미도 발견할 수 없었다. 그녀의 가족 역시 마찬가지였을 것이다. 우울증의 얼굴을 똑바로 쳐다보고 그것에게 주관적 의미를 부여할 수 있는 기회는 최악의 시간을 넘어서고 난 이후에야 찾아온다.

맨 앞 장에 인용한 헤르만 헤세의 말은 그런 의미에서도 이 책과 잘 어울린다고 생각한다. 나의 우울증은 나 자신이 부여할 수 있는 만큼의 의미만 갖는다. 따라서 자기만의 주관적 이유를 발견할 수 있는 능력과 자유를 적극 활용한다면 우울증의 암벽을 조금 더 수월하게 기어오를 수 있을 것이다. 이것이 그런 식의 힘든 절망을 인정하고 받아들이기 위해 우리에게 주어진 기회일 것이다. 자신에게 자신의 이야기를 털어놓고 그것에서 의미를 찾는 일은 나 자신을 치료하고 이 책을 쓸 때도 많은 도움이 되었다. 다만 이런 식의 구성 작업은 주관적일 뿐, 객관적으로 확인할 수 없는 것이기에 당사자가 아니면 그 누구도 대신해줄 수 없는 일이다.

심리적 위기를 삶이 선사한 발전의 기회로 볼 수 있다면 치료에도 도움이 될 뿐 아니라 자신을 새로운 눈으로 바라볼 수 있게 된다. 그것은 수치와 죄책감이 사라진 시선이다. 우울증은 우리의 한계를 인정하고 존중하라고 요구한다. 그러자면 과거의 자아상과 이상을 버려야 할 것이고 보다 용기 있게 인생의 꿈과 소망을 고민해야 할 것이며, 그 꿈을 위해 자신의 능력과 힘을 쏟아부어야 할 것이다. 어쩌면 한계라고 생각했던 곳에서 예상 밖의 자유를 발견할지도 모를 일이다. 우울증은 인생의 꿈을 너무 오래 방치했다는 신호일 수도 있기에 이참에 카드 패를 새로 섞고 우선순위를 달리 정하여 삶의 방향을 바꿀 수 있을 것이다.

하지만 자신의 능력에 집중하고 자신에게 더 친절하기가 말처럼 쉽지 않을 것이다. 우울증은 자신의 가치와 존재 이유를 뒤흔든다. 이렇게 아무것도 못 하는데, 이렇게 사랑하는 사람들에게 짐이 되는데 계속 살 가치가 있을까? 이렇게 무가치한 인생을 계속 붙들고 있어야 할 이유가 있을까? 늘 울적하고 의욕이라고는 없고 무기력한데 살아서 무엇을 할까? 그런 현실을 받아들이기가 참으로 힘들다는 사실은 우울증으로 인한 높은 자살률이 입증한다.

심리질환은 극도로 위험하다. 실존의 핵심을 건드리기 때문이다. 우리의 자아, 우리의 인격을 강탈하기 때문이다. 자신의 행동과 모습이 스스로도 알아볼 수 없을 정도로 변해버린다면 얼마나 무섭고 힘들겠는가.

이 암울한 우울증의 시간을 절대 혼자서 견디지 말라고 간곡히 부탁드리고 싶다. 뛰어난 능력과 따뜻한 공감으로 이미 수없이 많은 환자들을 일으켜 세운 우수한 심리치료사들을 나는 많이 알고 있다. 다행히 그사이 이 질병에 대해서도 다양하고 유익한 정보가 제공되고 있다. 도움을 줄 수 있는 기관도 많아졌다. 그러니 적극 손을 뻗어 그런 기관의 도움을 활용하기를 바란다.

마지막으로 이 책이 독자들에게 재미있고 유익한 독서의 시간을 제공하기를 바란다. 또한 내가 짙은 안개 속을 헤맬 때 내 손을 잡아주었고 이 책을 써보라며 용기를 건네줬던 모든 분들께 이 자리를 빌려 다시 한 번 감사의 인사를 드리고 싶다.

우울증은 지금껏 내가 여지를 주지 않았던 내 자아의

한 조각이었다. 우울증에는 내가 미처 인식하지 못했던

나의 슬픔과 절망과 탈진과 한계가 숨어 있었다.

나는 내가
괜찮을 줄 알았다

무의식은 '그것'을 잊지 않는다

　모든 사람의 인생사는 이 세상에 하나밖에 없는 특별한 사연이기에 한 사람과 세계를 이해할 수 있는 소중한 디딤돌이다. 그래서 과거의 이력을 집중 조명하면 그 사람이 어떻게 성장했는지, 어떤 관계를 맺었는지, 어떤 감정을 느꼈으며 어떤 갈등을 겪었는지 어느 정도 예측할 수가 있다.

　우리가 인상으로 받아들였던 것이 훗날 우리의 표현이 되는 경우가 드물지 않다. 무의식적 반복이 바로 그것이다. 이 무의식적 측면을 밝히고 이해하고 변화시키자면 과거의 기억을 비판적으로 성찰하는 과정이 필요하다. 그래서 심리적 위기 상황에서도 과거로의 귀환이 의미를 갖는 경우가 많다. 이런 관계들이 너무나 감동적이어서, 우리의 이력과 인간관계와 인성을 증상에 담아내는 심리체계에 놀라고 매혹될 때도 많다. 한 걸음 떨어져 관찰해보면, 나의 우울증 역시 해묵은 주제들의 귀환이었다. 내 지난 삶과 꽁꽁 얽혀 있었지만 예사로 생각하고 넘겨버렸던 과거의 주제들이 다시 나를 찾아오면서 시작된 일이었다.

식이장애, 자해를 동반하는 경계성 성격장애, 중독, 공포증, 성기능장애 같은 다른 심리증상들은 우울증과는 다른 주제, 다른 상징, 다른 갈등의 영역을 대변한다. 우울증은 상실과 슬픔, 공허감과 실패, 탈진과 칩거, 불안 같은 주제를 대변하며, 이러한 주제는 결코 우연히 생겨난 갈등이 아니다. 우울증을 나의 삶으로 받아들이고 지극히 개인적인 나의 역사에 통합시킬 필요가 있는 이유는, 그렇게 해야 질병을 객관성에서 주관성으로 변형시킬 수 있기 때문이다. 여기서 말하는 객관성이란 질병의 구분, 증상의 분류이다. 그러나 심리장애는 강한 주관적, 개별적 연관성을 갖는다. 증상이 똑같다고 해도 모든 우울증의 주관적 의미는 다르며, 따라서 해결방안 역시 개별적이다.

내게는 우울증이 일종의 '블랙박스'처럼 느껴졌다. 그래서 처음에는 그것으로 무엇을 해야 할지 몸 둘 바를 몰랐고 심한 부담감을 느꼈으며 우울증에 저항하고픈, 우울증을 무시하거나 억압하고픈 충동이 강했다. 그러나 다정하게 우울증에게

문을 열어주기 시작한 순간 비로소 나는 우울증을 집 안으로 들여서 인내심을 갖고 우울증이 하는 이야기에 귀를 기울이는 것이 유익하겠다는 예감이 들었다.

가만히 지켜보고 성찰하고 많은 사람과 많은 대화를 나누면서 나는 우울증의 증상들을 내 본성의 발현으로, 도움의 호소로, 균형 회복의 노력으로 이해할 수 있게 되었다. 그러자 비로소 '어떤' 질병이 '나의' 질병이 되었고, 우울증의 이유를 깊이 있게 이해하고 마음이 훨씬 가벼워졌다. 운명적인 부분이 분명 있기는 하지만 우울증이 지금 이 시점에 이런 형태로 내 삶에 등장한 것이 전부 운명의 장난인 것만은 아니라는 사실을 깨달을 수 있었다. 우울증은 지금껏 내가 여지를 주지 않았던 내 자아의 한 조각이었다. 우울증에는 내가 미처 인식하지 못했던 나의 슬픔과 절망과 탈진과 한계가 숨어 있었다. 그러나 결론은 너무 이르다. 지금부터 내 이야기의 실타래를 처음부터 차근차근 풀어가 보기로 하자.

내가 태어났을 때 우리 부모님은 아직 대학생이었다. 아버지는 레바논 사람이었는데 의학 공부를 하기 위해 독일 베를

린으로 건너왔다. 어머니는 자존감이 강하고 총명한 여성이었기에 자식이 있다고 해서 마음이 떠난 관계를 유지해야 한다고 생각하지 않았다. 두 분은 열렬히 사랑했고 서로의 다른 세계에 끌렸다. 그러나 바로 그 다른 세계가 두 분을 영원히 갈라놓았고, 어머니는 나의 친아버지 대신 지금의 내 아버지와 결혼하기로 결심했다. 이제부터 내가 아버지라고 부르는 사람은 나를 키워주신 양부를 가리킨다. 어린 시절 양쪽 아버지를 두고 어느 쪽을 더 좋아해야 할지 몰라 마음이 복잡했던 적도 많았지만 그래도 나는 아버지가 둘이어서 좋았다. 내겐 두 분의 아버지가 계셨다. 나를 키워주신 아버지와 다른 도시에 살면서 거의 만난 적 없는 친아버지다. 친아버지는 내가 태어나고 이 년 후 다른 여성과 결혼하여 딸을 낳았고, 우리 부모님은 내 밑으로 네 명의 아이를 더 낳았다. 나는 그 아이들과 형제자매가 나눌 수 있는 모든 것을 함께 나누며 사이좋게 자랐다. 우리 가족 사이에선 나만 아버지가 다르다는 사실이 비밀이 아니었지만, 외부인이 나더러 형제자매와 닮지 않았다고 말하면 나는 부끄러웠다. 눈에 띄고 싶지 않았고 남과 다른 것이 싫었다. 누가 물어보면 나는 눈에 훤히 보이는 차이를 끝까지 부인했고, 그럼 사람들의 눈에는 동정의 빛이 어렸다. 이런 말을 담은 눈빛이었다. "저런, 가엾어라. 주워온 아이라는 걸 아직 모르나 봐." 어린 시절 나는 주기적으로 들었던 이런 질문들이 무척 불쾌했다. 그래서 일찍부터 최대한 순응하여 남의 눈에 띄지 말자는 욕망이 강했던 것 같다. 우리 사회가 높이 사는 특성인 친절, 근면, 성실, 신용을 갖추어 어디서건 남들과 동화되고 싶었다. 생김새는 달라도 나는 완벽하게 이 가족, 이 문화, 이 사회의 일부가 되고 싶었다.

두 아버지는 적당한 거리를 둔 채 서로를 존중하고 서로에게 친절했다. 가끔 만나기도 했다. 친아버지는 공부를 마치고 아랍권으로 돌아갔고 어느 날 상담을 마치고 오던 길에 교통사고를 당했다. 달리던 차가 걸어가던 아버지를 치었다. 뇌출혈이 심했고, 아버지는 자신이 일하던 병원으로 이송된 지 몇 시간 만에 눈을 감았다. 아버지의 나이 서른아홉 살, 내 나이 열두 살 때였다. 나는 아버지의 죽음에 큰 충격을 받았다. 지금껏 아버지를 잘 만나지도 못했는데 이제 영영 볼 수 없다는 사실이 너무 슬펐다. 밤이면 자리에 누워 울었고 그리움과 절망을 담은 긴 애정 고백을 일기에 적었다. 그럼에도 삶은 계속되었고 나는 사춘기에 접어들었으며 부모님과 친구들과 사이좋게 지냈고 학교 성적도 좋았다. 나는 어머니뿐 아니라 아버지도 진심으로 사랑했고, 두 분 역시 사랑으로 나와 동행해 주고 나를 지지하셨다. 다섯 남매의 장녀였기에 나는 어려서

부터 독립적이었다. 혼자서도 잘하고 책임감이 강하면 칭찬과 인정이 돌아온다는 사실을 나는 일치감치 터득했다. 독립심과 책임감은 나의 세 부모님을 이어주는 연결고리이기도 했다고 생각한다. 세 분 모두 매우 활동적이었고 세상을 위해 봉사하고픈 마음이 컸다. 친아버지는 방사선과 의사였고 아버지는 제삼세계에서 봉사활동을 했으며 어머니는 다섯 명의 아이를 키우며 교사로 일했다. 세 분 모두 자기만의 방식으로 이 사회를 위해 헌신하셨다. 그 사회적 유산을 물려받은 나는 어릴 적부터 부모님을 롤모델로 삼아 책임감과 독립심을 키웠다. 세 분 모두 열심히 일하면서도 좀처럼 불평하는 일이 없었다. 그래서 나도 자연스럽게 휴식보다는 일을 더 축복으로 여기게 된 것 같다.

열다섯 살 때는 영어를 배우려고 교환학생으로 일 년 동안 외국에 간 적이 있다. 중고등학교 때는 성당에서 청소년부 활동을 했고 양로원 방청소 봉사를 했으며 열심히 악기를 배웠다. 대학에 들어가서도 또다시 외국으로 나갔다. 시베리아로 가서 일 년 동안 양로원과 노숙자 지원센터에서 봉사활동을 했다.

사회참여와 사회적 책임은 우리 가정에서 가장 중요하게 생각한 가치였기에 전공을 고를 때도 당연히 그 분야를 먼저 떠올렸다. 나는 심리학과 의학, 사회복지에 관심이 많았다. 우리 형제들 중 네 명이 의학과 심리학을 전공하였거나 현재 공부 중인 것도 아마 우연이 아닐 것이다. 다행히 늘 예외는 있는 법이어서 남동생 한 명은 경영학을 전공했다. 그에게서 자유 시장경제의 가혹함을 배운 덕에 나는 블루마블 게임에서 자주 그를 이길 수 있었다. '호텔'이라는 이름의 보드게임 역시 상대가 호텔에서 묵을 돈이 없을 때까지 가혹하게 상대의 돈을 빼앗는 놀이다. 나는 마음이 여려서(언제나!) 여러 번 싼값에 도시를 팔거나 내 호텔에 그를 무료로 재워주었지만 그는 게임 규칙을 철저하게 지켰고 조금도 양보하지 않았다. 나는 어릴 적부터 가혹하고 부당하며 공감하지 못하는 사람을 싫어했다. 그래서 그런 게임을 이해하지 못했고 동생이 나를 도와주지 않으면 실망했다.

또 나는 청소년기에 두 번 아름다운 사랑을 경험했고, 지금도 그 경험을 무척 소중하게 생각한다. 그 후 이른 나이에 만난 남편은 인생이 준 최고의 선물이었다. 그가 가져다준 큰 행복은 비극적인 아버지의 죽음이 남긴 충격을 많이 덜어주었다. 그럼에도 나는 나의 우울증이 우연이 아니었으며 내 특별한 가족사와 생부의 이른 죽음과 밀접한 관련이 있었다고 생각한다. 더구나 내가 일하며 가정을 돌보느라 진이 다 빠져 있는 상황에서 갑자기 아버지는 폐암 진단을 받았고 불과 일 년 육 개월 만에 돌아가셨다. 나는 평생 아버지를 진심으로 사랑했고 동생들처럼 아버지의 진짜 딸이 아니라서 많이 힘들어했다. 그래서 아버지가 돌아가시기 직전 성인인 나를 입양하셔서 정말로 행복했다. 그 또 한 번의 죽음이, 또 한 분의 아버지를 잃어버린 것이 탈진의 진짜 요인이었다고 생각한다. 물론 앞서 설명했듯 당시의 내 상황도 전형적인 우울증 유발 상황이었지만, 그 뒤편에는 마구 뒤엉킨 과거의 경험과 기억과 감정의 실타래가 숨어 있었고 무의식은 그것을 잊지 않았다. 그러니까 나는 너무 이른 나이에 감당할 수 없는 슬픔과 무력감을 경험했던 것이고, 나도 모르는 사이 그 실존적 위험을 이겨내기 위해 아등바등 몸부림을 쳤던 것이다.

아버지의 죽음이 던진 질문

신경생물학적 민감성도 하나의 원인이었다는 사실은 나중에야 깨달았다. 가족력은 없었다. 어쨌든 내가 아는 한 우리 가족 중 우울증 환자는 없었다. 하지만 나는 생부의 가족을 모른다. 내가 매사에 매우 감정적인 경향이 있다는 생각을 예전에는 한 번도 해본 적이 없었다. 그러나 나는 영화관에서 영화를 볼 때마다 거의 매번 감동해서 울었고, 어떤 감정도 남들보다 격하게 느꼈다. 슬프거나 화를 낼 때도 그랬지만 기쁘거나 감동을 했을 때도 반응이 격했다. 결혼식, 세례식, 장례식, 크리스마스 미사, 때를 가리지 않고 나는 항상 순식간에 감동을 느꼈다. 이런 심리적 투과성은 아마도 타고난 천성인 것 같다. 청소년 시절 나는 심한 멜랑콜리의 감정을 경험했다. 멜랑콜리는 우울증과는 전혀 다른 것으로 고통스럽고 힘들지만 우울증처럼 암담하고 절망적인 상태는 아니다. 멜랑콜리에 젖을 때면 나는 늘 내 일부인 깊은 심연을 만났다. 나는 혼자 있기를 즐겼고 슬픈 음악을 좋아했으며 시를 읽거나 사랑의 편지를 많이 썼다. 물론 행복도 그 못지않게 풍성히 경험했다. 나는 삶을 사랑했고 만끽했지만 삶이 유약하고 허망하고 유한하다는 사실을 누구보다 잘 알았다. 대학 시절에는 전기를 많이 읽었고, 실존적 고난과 어려움을 겪는 인생 이야기를 좋아했다. 아마 그래서 심리치료사가 되기로 결심을 했는지도 모른다.

어린 나이에 아버지의 죽음을 목격하면서 나는 남은 시간을 누구보다 알차게 살고 싶었다. 아직 늦지 않았으니 시간이 많이 남았다고 여유를 부릴 수가 없었다. 지금 돌아보면 알찬 인생을 살고 싶다는 이런 바람 뒤편엔 죽음에 대한 공포가 숨어 있었다. 아이도 어서 낳아야 최대한 오래 아이 곁을 지킬 수 있다고 생각했다. 하긴 자식을 낳는 것 그 자체가 이 세상에 나의 일부를 남겨 죽음에 저항하고픈 바람일 것이다. 친구들은 아이를 낳지 못할까 봐 전전긍긍하는 나를 이해하지 못했다. 내가 남편의 가장 큰 장점으로 꼽는 것도 겨우 스무 살의 어린 나이에 책임감이 강했고 믿음직했으며 나와 일 년 남짓 사귄 후 바로 아이를 낳을 마음을 먹었다는 것이다. 인생을 믿고 과감하게 삶의 바다로 뛰어들어 최선을 다하겠다는 용기, 그 점에서 우리 둘은 많이 닮았다. 돌다리도 두드려보며 조심조심 내딛는 걸음은 내 인생에선 존재하지 않는 선택지였다.

나는 최대한 빨리 공부를 끝내고 싶었다. 스트레스를 받기 싫다며 휴학을 하고 졸업을 미루는 친구들이 도통 이해가 되지 않았다. 그게 다 꿈도 없고 게을러서 그렇다고 생각했다. 나는 무엇이든 이루어냈을 때 만족을 느꼈다. 대학에 다닐 때도 공부는 당연히 열심히 했고, 그 와중에 틈틈이 놀기도 많이 놀았다. 삶에 굶주렸고 삶을 위해서라면 나를 다 바칠 각오가 되어 있었다. 그렇게 강렬한 고속의 삶은 내 자아상의 중요한 자리를 차지했다. 하지만 오랜 세월 잘 작동했고 풍성한 기쁨을 선사하였던 삶의 자세에도 그림자는 있었다. 자고로 세상만사는 양면이 있는 법이다. 아니 양면으로 그치지 않고 삼면, 사면이 있다. 더 조심하며 살았다면, 아버지가 돌아가시지 않았다면 몇 년은 더 별일 없이 살았을지도 모르겠다. 아무도 모를 일이고 나도 알 수 없다. 하지만 뒤돌아보면 그런 생각도 다 부질없다. 나는 늘 옳다고 생각한 길을 걸었고, 이제 와서 과거를 훑어보며 하지 말았어야 할 '실수'를 찾아봤자 아무런 의미가 없다. 조심조심 살았어도 우울증이 찾아왔을 수 있다. 그랬더라면 아마 더 슬펐을 것이다. 어쨌든 나는 그동안 많은 것을 이루었고, 적어도 그 점에서는 후회가 없으니 말이다. 서른다섯 살이라는 젊은 나이에 우울증에 빠졌지만 더 어린 스무 살에 병에 걸렸을 수도 있었다. 그사이 나는 그런 불행한 일에도 다 의미가 있다고 믿게 되었다. 우울증 덕분에 달라진 눈으로 미래를 바라볼 수 있게 되었으니까 말이다. 과거를 집중 성찰하고 지난 일을 되돌아보는 과정은 그 자체가 목적이 아니다. 과거를 통해 현재와 미래를 달라진 눈으로 바라보고 더 의식 있게 가꾸어나가기 위한 목적이어야 한다.

내가 아는 나는 긍정적이고 명랑하며 호기심이 많고 의욕이 넘치고 모험심이 강한 사람이었다. 나도 기쁨과 의욕을 잃어버릴 수 있다는 생각은 한 번도 한 적이 없다. 그래서 많은 사람들이 그렇듯 오랜 시간 자신도 모르게 늘 과로를 했다. 게다가 아버지가 암에 걸려 돌아가시자 주체할 수 없는 슬픔에 빠졌고 심각하게 우울한 상태로 그 슬픔에 휩쓸려갔다. 처음 몇 주 동안은 쇼크 상태였다. 이것이 탈진이라는 사실을 인정하고 싶지 않았다. 현실이기에는 너무나 비현실적이었고 지금껏 내가 품었던 나의 자아상과 도무지 어울리지 않았다. 그러면서도 심리적, 신체적 변화를 부인할 수는 없었다. 잠을 잘 수 없었고 너무 힘이 없고 피곤해서 도저히 아무것도 할 수가 없었다. 어느 것에도 집중이 안 되고 책을 읽을 수도 오래 대화를 나눌 수도 결정을 내릴 수도 없었다. 나는 부끄러 웠고 자존심이 상했다. 지금껏 내 안에 있을 것이라고는 상상도 하지 못했던 마음의 까마득한 심연으로 자꾸만 끌려 내려 가는 기분이었다. 상담실 문을 닫다니, 있을 수 없는 일이었다. 그건 재앙이었다. 살면서 일을 못할 정도로 아파본 적이한 번도 없었다. 정말 더 이상은 못하겠다는 고통스러운 확신이 없었다면 나는 아마 절대 상담을 중단하지 않았을 것이다. 그렇게 우울증은 내 인생을 지금까지의 궤도에서 탈선시켰고, 서서히 깨달은 사실이지만 내게 정말로 중요한 질문을 던졌다. 이 인생의 위기로 나는 지금껏 당연하다고 믿었던 많은 것들을 다르게 보게 되었고 내 삶의 한계와 유약함을 절실히 깨달았다.

"네가 할지 못할지 어디 두고 보자고."

오 년 동안의 병원 실습을 마친 후 삼 년 전에 상담실을 열었다. 그래서 나는 그동안 위기에 빠진 사람들을 많이 만났다. 어느 날 갑자기 내게도 그런 위기가 찾아와 인생을 송두리째 뒤흔들 수 있다는 것을 이론적으로는 알았지만 그 이론이 현실이 되리라고는 전혀 예상치 못했다. 질병은 남의 이야기였다. 내가 생각하는 나는 어떤 고난이 찾아와도 꿋꿋하게 헤쳐 나갈 수 있는 맷집과 능력을 갖춘 사람이었다. 어쩌면 바람이었을 이런 자아상 덕분에 나는 탈진과 우울증을 먼 나라 이야기라고 생각하며 살 수 있었다. 내가 밟던 무자위(낮은 곳의 물을 보다 높은 지대의 논밭으로 퍼 올리는 농기구-옮긴이)는 이미 오래 전부터 자체동력을 키워 속력을 높여갔지만 나는 그 사실을 깨닫지 못했다. 아마 내가 하는 일이 사회적으로도 의미 있는 일이기에 나는 괜찮을 것이라 믿었을지 모른다. 나는 내일을 사랑하고 내 성공이 자랑스럽기에 아무 문제 없이 전진할 수 있을 것이라고 믿었다. 그러나 성공도, 의미도 나를 보호해주지 못했다. 어쩌면 정반대였을지도 모른다. 스스로를 가정에서도 사회에서도 없어서는 안 될 꼭 필요한 사람이라고 생각했기에 더 자신을 몰아붙였을 수 있다. 그러나 없어서는 안 될 사람이라는 생각은 착각이었다. 나의 나르시시즘이었다. 그 착각을 나는 너무 늦게 깨달았다.

넘쳐나는 의욕과 삶의 의지에 불탄 나는 일찍부터 주어진 시간을 알차게 채우고 '활용'하기 위해 애썼다. 그러나 활용이란 주관적 행복보다 가시적인 성과에 더 집착하는 법이다. 남편과 나는 이십 대 초반에 철저한 계획하에 첫 아이를 낳기로 결정했다. 당시 나는 대학생이었고, 외부에서 보기엔 아직 아이를 낳을 형편이 아니었다. 더구나 공부를 계속할 생각이었기에 나 역시도 아이를 낳을 최적의 조건은 아니라고 생각했다. 그러나 나는 아이와 직업, 둘 다를 갖고 싶었다. 자신도 있었다. 최선을 다해 열심히 살아낼 자신이 있었다. 남들이 한계라고 생각하는 그곳이 내겐 도전의 출발점이었다. '내가 할지 못할지 어디 두고 보자고.' 내심 이렇게 생각했다. 학부 시절엔 기저귀 교환대와 책상, 어린이집과 컬로퀴엄(발제자가 주제에 대해 발표한 다음 여러 참여자가 주제에 대한 자신의 의견을 자유롭게 제시하는 연구 모임-옮긴이), 이유식과 학생식당 메뉴를 오갔고, 박사과정 시절엔 큰놈과 작은놈, 아기 수영장과 도서관, 《왕도둑 호첸플로츠》와 박사 논문을 오갔다. 수면 부족의 시간이었지만 내가 선택한 삶이었다. 대가로 돌아온 칭찬과 감탄은 노력을 보상하고도 남을 풍성한 보너스였다. 노력은 칭송을 가져다준다. 이것이 내가 배운 가장 확실한 조건화였고, 이 인과관계가 항상 나를 격려하고 의욕을 북돋았다. 스물다섯 살에 심리학과를 졸업했다. 수석이 세 명이었는데 그중 한 명이 나였다. 스물여덟 살에는 박사학위를 땄고 서른네 살에 심리치료사 면허증을 따서 상담실을 열었다. 그사이 네 아이의 엄마가 되었다. 넷 모두 놀랍기 그지없는 아이들이었지만 놀랍기 그지없을 만큼 싸우고 말썽을 부렸다. 나는 원하던 것을 모두 이루었다.

서둘러 공부를 마치고 자격증을 땄던 데에는 대가족의 경제적 어려움도 한몫했다. 남편과 나는 최대한 공평하게 일을 나누려고 노력했다. 그렇게 함께 노력하는 남편을 만난 것은 정말로 내 인생의 기회요 복이었다. 큰아이와 둘째가 태어났을 때는 내가 대학생이어서 시간을 조절할 수 있었고, 셋째와 넷째 때는 남편이 각 일 년씩 육아휴직을 냈다. 아이들은 일년 육 개월이 지나면 어린이집에 맡겼다.

당시엔 육아와 커리어, 둘 다 문제없이 해낼 수 있다고 생각했다. 여자라고 해서 못할 것이 없다고 가르치신 부모님 덕분에 나는 당연히 일과 육아를 병행해야 한다고 생각했다. 눈에 넣어도 안 아플 내 새끼들, 그리고 남들이 알아주는 직업……. 이 얼마나 멋진 인생인가.

심리치료 교육을 받던 그 몇 해 동안엔 경제적으로도 무척 힘들었다. 일 년 육 개월의 병원 실습 기간에는 직원처럼 하루 종일 일하면서도 임금은 대학생 용돈보다 낮았다. 고용 보장도 없이 겨우 삼백 유로를 벌었다. 그 이후에는 적정 수준의 상담비를 받았지만 슈퍼비전(교육 활동의 전반에 걸쳐 교육 목표를 효과적으로 달성하기 위하여 이루어지는 전문적이고 기술적인 봉사 활동-옮긴이)을 병행해야 했기 때문에 번 돈의 상당 부분이 다시 교육비로 들어갔다. 정신분석 교육의 핵심인 삼백 시간의 교육 분석만 해도 중급 신형 차 한 대 값이 들었다.

돈은 공공의 관심사이다. 다들 돈이 곧 성공이라고 생각한다. 돈이 많으면 성공한 사람, 인생을 잘 산 사람이다. 돈이 없으면 실패한 사람, 인생을 허비한 사람이다. 그래서 가난은 실존적 문제일 뿐 아니라 사회적 문제이기도 하다. 자신과 타인에게 늘 "난 못해. 돈이 없어."라고 고백해야 한다면 수치스러울 것이다. 수치심은 컸고 그런 생활은 나의 야망과도 맞지 않았기에 나는 교육을 받는 동안 없는 돈을 끌어모으기 위해 안간힘을 썼다.

빵으로 대충 때워도 되는데 군이 동료들과 식당에 갔고 벼룩시장에서 사서 신겨도 되는데 군이 아이들에게는 새 신발을 사서 신겼으며 복사를 해서 보면 되는데 군이 책을 샀다. 왜 이런 이야기를 구구절절 늘어놓을까? 이런 경제적 압박이 내 마음 깊은 곳에 생채기를 냈다고 믿기 때문이다. 한편으로는 이런 교육을 받을 처지가 못 된다는 것을 알면서도 나는 자신의 한계를 받아들이고 싶지 않았다. 대출로 어느 정도 돈을 융통하기는 했어도 워낙 수입이 없었기 때문에 대출받을 수 있는 액수 자체가 많지 않았다.

조금이라도 가계에 보탬이 되려고 아이들이 자는 밤 시간을 이용해 심리 소견서를 작성했다. 당시엔 늘 밤 한 시가 되어서야 잠자리에 들었고 아침 여섯 시면 일어났다. 그러나 심층 심리 및 정신분석 심리치료 교육은 내가 진정으로 바라던 것이었다. 교육을 받으면서 더욱 그런 확신이 들었다. 인간 심리의 심층과 인생 역정, 다양한 세계와 인생관, 병상과 전환점과 위기에 대한 나의 관심을 그곳에서 지식과 경험, 만남으로 채울 수 있었다. 전폭적인 신뢰를 받으며 타인의 인생사에 깊이 들어갈 수 있다는 것, 그것이야말로 내 직업의 특혜라고 나는 느꼈다. 텔레비전을 완전히 끊었다. 텔레비전보다 환자들의 이야기가 더 드라마 같았다. 독서는 약간 달라서 항상 책을 가까이 했다. 아마 텔레비전보다 상상과 창조의 여지가 훨씬 많아서 그랬을 것이다.

굴러오는 공을 차면 다음 공이 날아왔다

우리는 좁은 집에서 살았다. 그나마 잠시 동안은 주택 보조금을 받을 수 있어서 조금 나았다. 그 시절에 라디오에서 번아웃 이야기를 들었다. 처음으로 그 내용을 나 자신과 연관시켜보았다. 주관적인 노력에 비해 경제적 보상이 적은 경우 번아웃에 빠질 위험이 더 높다는 내용이었다. 한계에 이를 때까지 가진 힘을 다 쏟아부었는데 돌아오는 것이 없으면 나도 절망하고 지치고 화가 날 것 같았다. 그건 별도의 설명이 없어도 바로 이해가 갔다.

장볼 돈이 없어서 아이들의 저금통을 몰래 털었던 적이 얼마나 많았는지 모른다. 카드가 정지되었을 때 주유소에서 기름을 넣고는 일부러 깜빡하고 지갑을 안 가져왔다는 거짓말을 한 뒤 신분증을 맡겨놓고 돈을 구한 후에 다시 찾으러 간

적도 여러 번이었다. 끔찍했다. '돈 걱정은 행복 호르몬 세로 토닌의 적이다!'라는 생각까지 들었다. 돈이 행복을 주지는 않지만 근심 없이 살 수 있으려면 어느 정도의 돈은 꼭 필요하다. 하루 종일 열심히 움직이는 데도 최저생계비도 벌지 못했다.

당시는 아직 느끼지 못했지만 아마 그때의 과도한 부담감이 훗날 탈진을 불러온 원인의 일부였던 것 같다. 이미 안정된 직장을 구해 자리를 잡은 친구들이 살짝 부럽기도 했다. 내가 그들보다 훨씬 열심히 살았는데 나는 아직 이 모양으로 살고 있다니.

그래서 십삼 년의 공부 끝에 모든 교육 과정을 마쳤을 때 나는 누구보다 행복했다. 나는 박사 학위를 소지하고 국가자격시험을 통과하여 심리상담실을 개원한 심리치료사였다. 오 년의 학사 과정, 이 년의 박사 과정, 오 년의 심리치료 교육이 모두 끝났다. 이제 열매를 거둘 일만 남았다. 비록 고생 탓에 깃털은 많이 빠졌지만 그래도 나는 여전히 힘차게 날아오를 각오가 되어 있었다. "마음만 먹으면 다 할 수 있어!" 나는 내 힘의 창고가 당겨도 당겨도 늘어나는 고무줄인 양, 써도 써도 절로 차는 영원한 젊음의 샘물인 양 착각했다. 그리고 비록 짧았지만 실제로 소중한 결실의 시기가 찾아왔다.

나는 동료들과 합동 심리상담실을 열었다. 그리고 즐거운 마음으로 정말 열심히 일했다. 그동안의 가난을 보상받고 싶었다. 상담실은 처음부터 잘되었다. 퇴근을 하기 위해 상담실 문을 닫고 밖으로 나오면 마음이 뿌듯했다. 상담실을 나와서도 환자들에게 들은 사연들이 머리를 맴돌았다. 하긴 그럴 수밖에 없을 것이다. 아무리 전문가라고 해도 상담은 항상 두 사람의 만남이자 대화이다. 그런 긴밀한 관계가 심리치료의 매력이면서 동시에 힘든 점이다.

　내 경험상 대부분의 환자들은 의사나 치료사가 믿음직한 사람인지 아닌지 금방 느낀다. 환자와 치료사가 서로를 신뢰할 수 있으면 행동치료건 정신분석이건 치료 방법에 관계없이 환자는 큰 도움을 받을 수 있다. 그러나 치료사의 입장에서는 제아무리 전문가라고 해도 이런 진솔한 만남을 소화할 시간이 필요하다. 그런데 날이 갈수록 그런 시간이 줄어들었다. 1회 심리상담 시간은 오십 분이다. 한 번의 상담이 끝나면 바로 다음 환자가 문을 열고 들어왔다. 심할 때는 하루 여덟 명의 환자를 만났고 그런 날이면 당연히 집중력과 기억력이 떨어졌다. 이런 전조증상을 조금 더 진지하게 받아들였으면 좋았을 것이다. 하지만 나는 연거푸 커피를 들이켰다. 까짓 과로 좀 한다고 무슨 일이 있겠어? 당시엔 그렇게 생각했다. 우울증의 심연을 미처 알지 못했기에 그런 순진한 생각들이 등을 토닥이며 일을 재촉했다.

집에 돌아오면 온전히 아이들에게 시간을 바쳤다. 네 개의 다른 욕망, 엄마를 독차지하려는 네 명의 아이들. 일 때문에 아이들에게 소홀하고 싶지 않았다. 집에 있는 순간만큼은 아이들에게 집중하고 싶었다. 양보다 질이라고 교육서에도 쓰여 있지 않은가. 우리의 부부관계도 있었다. 속도를 유지하며 열심히 쳇바퀴를 돌리는 다람쥐 두 마리. 서로 사랑하고 협력하고 아끼지만 언젠가부터 우리의 쳇바퀴에선 과거의 경쾌함이 사라져버렸다.

그사이 우리는 낡은 집을 한 채 구입했다. 그런데 상당 부분이 도저히 사람이 살 수 없을 지경이었다. 안 그래도 바쁜데 낡은 집수리까지 추가되니 대형 프로젝트를 맡은 기분이었다. 대충 계산해도 수리가 완전히 끝나려면 십 년은 걸릴 것 같았다. 그래도 할 수 있다고 믿었다. 겁 없이 큰일 저지르는 것이 우리 부부의 장기였으니까. 우리는 도전을 즐기는 사람들이었다. 벽을 허물고 카펫을 뜯어내고 들보를 부수고 바닥을 새로 깔았다. 공사현장을 빼니 우리가 살 수 있는 면적은 고작 칠십 평방미터였다. 식구 여섯이서 방 두 개 부엌 하나에서 살았다. 옹기종기 모여 사니 정은 좋았지만 혼자 있을 공간이 전혀 없었다.

몇 년 동안 여섯 시면 알람이 울렸다. 잠에 곯아떨어졌다가도 알람만 울리면 화들짝 일어났다. 여덟 시 직전 막내를 어린이집에 보내고 나면 하루 중 가장 중요한 일과를 마쳤다는 안도감이 밀려왔다. 일어나기 싫어서 징징대는 아이들을 억지로 깨워서 최대한 몸에 좋은 음식으로 아침을 먹이고 점심 도시락과 준비물을 챙겨 아이들을 학교와 유치원과 어린이집으로 보냈다. 그러고 나면 상담실의 하루가 시작되었다. 점심시간에는 저녁 장을 보았고 저녁을 먹고 나서도 아직 하루는 끝날 생각을 하지 않았다. 한 녀석이 내일 친구 생일 파티에 가는데 선물을 사야 한다고 말하면, 다른 녀석이 내일 준비물을 깜빡했다고 하고, 또 한 녀석이 내일 받아쓰기를 하는데 연습을 안 했다고 울면, 또 한 녀석이 축구할 때 머리카락이 거치적거린다고 어서 머리를 잘라달라고 보챘다. 남편도 열심히 일했다. 새벽 근무와 야근은 물론이고 주말도 반납

하고 일을 했다. 계획이 불가능했다. 매주 새로운 일이 터졌다. 지극히 정상적인 일상의 혼돈이었다. 아이들의 부탁은 거절하기가 힘들었다. 그러나 며칠 하자는 대로 다 해주고 나면 아이들을 너무 오냐오냐 키우는 것은 아닌가 싶었다. 여느 일하는 엄마들이 그렇듯 아이들을 챙기지 못했다는 죄책감 때문에 아이들에게 너무 후한 것이 아닌가 걱정이 되었던 것이다. 일과 육아는 늘 고도의 효율성을 요구했다. 공전의 시간이 있어서는 안 되었다. 아무리 노력해도 늘 해야 할 일이 있었기에 나는 어디를 가도 헐떡거렸다. 굴러오는 공을 차고 나면 다음 공이 날아왔다. 밤이라 선물 사러 못 간다고, 받아쓰기 숙제를 못 도와준다고 차마 말할 수가 없었다. 뿐만 아니라 학부모 총회, 학예회에도 참석해야 했고 아이들을 차에 태워 학원으로, 친구 집으로 데려다주고 데려와야 했다. 놀랍게도 그 많은 일들이 가능했다. 하루하루가 어찌어찌 돌아갔다. 남편과 나는 저글링을 했다. 어떻게? 그건 우리도 모른다. 절로 완성도의 수위가 낮아졌다. 어느 결에 우리는 대충대충의 달인이 되었다. 그렇지 않으면 많은 일을 도저히 해낼 수 없었다. 집에 있을 때면 온전히 아이들에게 집중하려 노력했다. 심리상담과 육아는 비슷한 것을 요구한다. 사람과 관계를 맺으라고, 귀를 열고 경청하라고, 용기를 주고 위로하고 관심을 보이라고, 자신을 죽이라고! 이런 관계맺음이 얼마나 고단한 일인지, 얼마나 엄청난 마음의 힘을 요구하는지 나는 오랫동안 깨닫지 못했다. 솔직히 말하면 워낙 작동 모드에 빠져 있었기 때문에 내가 어떻게 버텼는지 나도 사실 잘 몰랐다. 엄청 잘하지는 못했겠지만 그렇다고 아주 못하지도 않았을 것이다.

시간을 내어 진지하게 내 상태를 살피기 전에 나는 미리 눈을 감아버렸다. 말 그대로 눈을 감았다. 언제 어디서나 잠이 들었으니까. 고개를 갸우뚱하며 원인을 고민했어야 옳았지만 이미 나는 탈진 증상을 당연하다고 생각하는 상태였다. 탈진이 서서히 내 인생의 고정 메뉴가 되어버렸기에 아무런 문제점을 느끼지 못했다. 지금 생각하면 그때 이미 번아웃이 찾아왔던 것 같다.

첫 번째 이야기: 나는 내가 괜찮을 줄 알았다

의사가 제일 나쁜 환자가 되는 경우

　무너지기 전에는 반드시 전조가 있다. 번아웃과 그에 이은 우울증은 장기간에 걸쳐 진행되는 과정이다. 하지만 나는 그 조기 경보시스템의 외침을 들을 수 없었거나 듣고 싶어 하지 않았다. 마음이 느낀 것을 머리로는 인식하려 하지 않았다. 어쩌면 단호한 결심으로 고개를 돌리면 그 감정이 그냥 스쳐 지나갈 줄 알았는지도 모르겠다. 존재해서는 안 되는 것은 존재하지 않는다! 그렇게 억지를 쓰면 힘은 들겠지만 하던 일을 계속할 수는 있다. 물론 그렇게 버티다 보면 결국 시스템이 한꺼번에 와르르 다운되어 버리겠지만 말이다.

　이런 반응을 흔히 방어라고 부른다. 우리가 방어를 하는 것은 현실이 아니라 당위에 집착하기 때문이다. 나는 내 안에서 탈진이 일어나고 있다는 사실을 인식하지 않으려 발버둥질했다. 그것이 내 인생의 계획에는 없는 것이었기 때문이다. 더이상 에너지가 남아 있지 않고 이런 다람쥐 쳇바퀴 식 생활에 아무런 기쁨도 느끼지 못한다는 사실을 외면하기 위해 나는 내 마음과의 대화도 중단하였다. 이런 건 해결책이 없으니 그냥 견디는 수밖에 없다고 자신을 채근했다. 이런 식으로 계속 살면 어떤 일이 일어날지, 그 위험을 과소평가했기 때문이다.

그러나 이렇게 몸과 마음의 신호를 무시하고 그것들의 고함에 귀를 막는 것이 우울증 전개의 시작인 경우가 적지 않다. 실제로 인생 항로의 길잡이는 오직 자신에 대한 인식, 자신에 대한 감각뿐이다. 무엇이 우리에게 좋고 무엇이 나쁜지를 가르쳐주는 그 인식과 감각뿐이다. 인식의 가르침은 설사 우리의 자아상에 맞지 않는다고 해도 마땅히 귀 기울여 들어야 한다. 가끔 나는 생각했다. 내가 그 조기 신호를 조금만 더 진지하게 생각했다면, 그렇게 가벼이 넘겨버리지 않았다면 최악의 사태는 막을 수 있었을 것이라고. 결국 귀를 틀어막은 내 선택의 대가는 비쌌고, 나는 그 값을 참으로 호되게 치렀다.

첫 우울 에피소드(우울감, 의욕 상실이 최소 2주 동안 지속되며, 이런 필수 증상 이외에 식욕 상실, 체중 감소, 불면증, 초조나 불안, 사고력 및 집중력 저하, 피로, 죄책감, 무력감, 자살 시도 중 네 개 이상의 증상이 최소 2주 이상 나타나는 상태를 말한다.-옮긴이)가 진행되는 동안에는 몸이 너무 아팠다. 처음 며칠은 침대에서 일어나지도 못했다. 그러나 나는 이것을 여전히 보통의 신체질환으로 생각했다. 기운이 너무 없어서 손가락 하나 까딱할 수 없을 것 같았고 머리가 찌르는 듯 아팠으며 심장이 두근거렸다. 세상이 빙빙 돌았고 속도 메스꺼웠다. 병원에서 기다리는데 정말 죽을 것 같았다. 온 몸이 안 아픈 데가 없었고 기분도 정말 엿 같았다. 대기실에서 기다리는 삼십 분이 영원처럼 느껴졌고 집에도 간신히 걸어갔다.

진료실에 들어가기도 전에 이미 의사를 봐도 소용없을 것이라는 예감이 들었다. 통증이 불특정했기 때문이다. 평생 이런 암담한 기분은 처음이었다. 그래도 나는 의사에게 요즘 일이 너무 많아 부담은 크지만 절대 심리적 원인은 아닐 것이라고 확신하며 말했다. 내 '전공'이기 때문에 확실하게 판단할 수 있다고 말이다. 사람 몸에서 기운을 다 빼버리는 독한 감기에 걸린 기분이었다. 그래서 열도 안 나고 목도 안 아픈 감기가 있나, 혼자서 고개를 갸우뚱했다. 나중에 친구 아버지 이야기를 들었다. 친구는 아버지가 의사였는데 심근경색 발작 직후에도 고난도의 등산을 했다며, 의사도 자기 증상은 제대로 모른다고 말했다. 나도 다르지 않았다. 의사가 가장 나쁜 환자인 경우가 많다.

나의 심리 방어 시스템은 탈진을 신체적 증상으로 나타난 심리질환이라 인정할 마음이 없었다. 그 때문에 괜한 시간을 더 허비했다. 그 후 몇 주에 걸쳐 두 번의 우울 에피소드가 더 나타났지만 나는 여전히 조금 나아진 것 같으면 암담한 심정에도 강철 같은 의지로 일을 하러 갔다.

종합병원에서 일을 한 경험이 있기 때문에 나는 통증의 원인이 마음이라는 사실을 스스로 인정하고 결국 심리치료를 받을 때까지 오랜 시간 이 병원 저 병원을 전전하는 사람들을 많이 보았다. 다른 방도를 찾지 못한 마음이 자신의 고통을 알리기 위해서 몸이라는 뒷문을 이용하는 경우가 많다. 몸과 마음은 둘이 아니라고 하지 않는가. 몸이 아프면 마음도 아프고 마음이 아프면 몸도 아픈 법이다. 사실 심리의 그런 우회는 매우 의미 있고 현명한 수법이다. 어쩌면 질병이 아니라 지극히 건강한 비상 브레이크일지도 모르겠다. 하지만 나는 여전히 내가 심리적 감당 능력의 한계에 도달했다는 사실을 이해할 수 없었다. 추월선을 폭주하던 나의 삶을 멈출 수 있는 방법은 아마 그것밖에 없었을 것이다. 나는 전속력으로 벽을 들이받은 기분이었다. 하루 종일 회전목마를 탄 것처럼 세상이 빙빙 돌고 머리가 멍했다.

우울증은 여전히 맨 마지막 가능성이었다

　내가 욕심이 너무 많다는 생각은 늘 했었다. 하지만 청년 아킬레스처럼 나는 무슨 일이 있어도 절대 죽지 않는 불사조라고 확신했다. 어릴 때부터 한 번도 크게 아팠던 적이 없었고 시간에 쫓기거나 잠을 못 자도 효율적으로 일을 척척 해냈다. 그래서 이런 우울 에피소드를 겪은 후에도 휴가만 기다렸다. 그저 며칠 푹 쉬고 나면 툭툭 털고 일어설 것이라고 믿었다.

　휴가를 앞둔 며칠 동안은 정말 힘들었다. 쳐다보면 시간이 더 빨리 가기라도 할 것처럼 나는 연신 시계를 쳐다보았고 대화에 집중하기 위해 무진 애를 썼다. 나의 무력감을 들키지 않으려고 젖 먹던 힘까지 짜냈고 휴가까지 남은 시간을 손으로 꼽았다.

이렇게 정신을 딴 데 팔고 있는 내 모습이 너무 마음에 안 들었다. '정상이 아냐! 뭐가 잘못돼도 한참 잘못된 거야!' 추가 상담 요청이 있었지만 나는 양심의 가책을 느끼면서도 단호히 거절했다. 난생처음이었다. 나는 늘 참으며 살았고 감기에 걸렸다고, 체했다고 일을 쉬어본 적이 없었다. 이번에도 책임감은 여전해서 휴가 일정을 짤 때 최대한 환자들의 휴가 계획을 고려하여 날짜를 조정했다. 집중 치료를 받다가 도중에 한참 쉬게 되면 증상이 도로 나빠지는 환자들이 많기 때문이다. 그러나 그때만 해도 미처 몰랐다. 나의 휴가가 몇 달에 걸친 질병으로 이어질 것이며 내가 내 환자들을 오랫동안 보지 못하게 되리라는 것을.

동료들이 내 상태를 보고 따뜻한 위로의 말을 건넸다. 물론 이 말도 잊지 않았다. "번아웃이라는 생각은 안 해봤어?" 하지만 나는 탈진이니 과부담이니 하는 말은 아예 들으려고 하지 않았다. 몸은 너무 안 좋았다. 머리가 콕콕 찌르는 듯 아팠고 정신이 몽롱했으며 어지러웠다. 하지만 내가 생각한 탈진은 예전보다 더 몸이 아픈 상태가 아니었다. 분명 몸에 근본적인 이상이 생긴 걸 거야. 혹시 암인가? 심장에 문제가 생겼나? 불안의 부채질로 몸짓을 키운 상상력은 온갖 가능성을 총동원하였다. 중병에 걸린 것은 분명한데 무슨 병인지는 모르는 그런 상태가 아닐까? 우울증은 여전히 맨 마지막 가능성이었다. 나는 혼자서 나의 죽음을 상상했고 남겨질 식구들을 걱정했다.

그래도 혹시 탈진일 수 있지 않을까? 탈진인지 아닌지는 휴가를 갔다 오면 알 수 있을 것이었다. 다녀와서 상태가 호전된다면 탈진이었던 것일 테니. 삼 주의 긴 휴가는 난생처음이었다. 우리는 독일 북부의 친척들을 찾아갈 예정이었다. 우리 할아버지도 뵙고, 결혼식을 겸하여 남편의 가족들과 시간을 보낸 후 돌아오는 길에 우리 부모님 댁에 들를 생각이었다. 아버지는 몇 주 전 전이가 빠른 기관지암 진단을 받았다. 부모님을 뵈면 너무 좋을 것 같았지만 또 한편으로 봇물처럼 터질 온갖 감정들이 걱정되지 않는 것은 아니었다.

가방을 싸는 일이 예전보다 훨씬 힘들었다. 집중력과 효율성이 나보다 먼저 휴가를 떠나버려서 짐만 싸는 데 몇날 며칠이 걸린 기분이었다. 마음이 딴 곳에 가 있었는데 그곳이 어딘지를 알 수가 없었다. 예전 같으면 휴가를 가기 전에 너무나 설렜을 텐데 이번에는 그렇지가 않았다. 솔직히 말하면 그냥 집에서 쉬고 싶었다. 하지만 이미 계획은 짠 것이고, 어쩌면 그 편이 내게도 더 좋을 수 있었다. 온 가족이 휴가 생각에 들떠 있었으므로 나만 생각해서 결정을 내릴 상황이 아니었다. 내가 못 가겠다고 하면 다들 실망할 것이고 그 모습을 볼 자신이 없었다.

휴가 동안에도 변화가 감지되었지만 나는 애써 외면했다. 저녁에 아이들과 게임을 할 때는 규칙이 기억나지 않아서 자꾸 실수를 했다. 조금만 산책을 해도 이상하게 근육통이 찾아왔고 소리에 엄청 민감해져서 아이들이 노는 소리나 라디오 소리처럼 지금껏 아무렇지도 않았고 호흡처럼 삶의 일부였던 소리들이 귀에 거슬렸다. 등만 땅에 붙으면 밤낮을 가리지 않고 몇 분 만에 곯아떨어졌다. 미각도 변했다. 물맛이 이상했다. 내 몸의 시스템이 끝없이 흘러드는 수많은 자극을 막으려고 계엄령을 선포한 것 같았다.

여행의 마지막 종착지는 부모님 댁이었다. 오랜만에 만나 너무 반가웠지만 암에 걸린 아버지 때문에 다들 마음이 안 좋았다. 회복은 꿈도 못 꿀 일이었고 그저 앞으로 얼마나 더 사실지, 우리가 아버지와 얼마나 시간을 더 보낼 수 있을지가 관건이었다. 아버지는 아직 환갑도 안 된 젊은 나이였기에 끝까지 온 힘을 다해 암과 싸우고 있었다.

암에 걸린 아버지를 보며 아무것도 할 수 없는 나 자신이 한심했다. 정작 아버지는 태연했는데 내 눈에서 쉬지 않고 눈물이 흘렀다. 오진이라면 얼마나 좋을까? 되돌릴 수만 있다면 무슨 짓이든 할 것 같았다. 아버지를 떠나보내고 혼자 남을 어머니는 또 어쩔 것인가? 마음이 너무 아팠다. 아무리 노력해도 마음을 추스를 수가 없었고 희망찬 위로의 말이 입에서 나오지 않았다.

아버지는 참 고마운 분이셨다. 내가 하는 말은 무엇이든 열심히 들어주었고 좋은 말씀도 많이 해주셨다. 그래서 어릴 때는 친자식이 아니어서 아버지에게 홀대를 받는다는 생각은 한 번도 한 적이 없었다. 하지만 철이 들고 나서는 어릴 때만큼 확신이 굳건하지는 않아서 친자식이 아니므로 자칫 한 번이라도 다투었다가는 영영 연을 끊게 될 수도 있다는 걱정을 늘 했던 것 같다.

아버지는 나와 동생들이 어릴 때 직업 때문에 전 세계를 돌아다녔다. 집에 돌아올 때에는 각국의 특산물을 선물로 가져오셨고 온갖 이야기와 경험담은 덤이었다. 당시엔 아직 독일에서 구할 수 없었던 사탕수수, 감초, 파파야를 아버지 덕분에 먹어보았다. 우리는 집 떠난 아버지에게 카세트테이프를 보냈다. 당시만 해도 최신 가전이던 카세트테이프리코더를 아버지가 항상 가지고 다녔기 때문이다. 그 테이프에 우리는 학교에서 배운 노래, 우리가 지어낸 뉴스나 이야기 등을 녹음했다. 아버지는 그 테이프들을 무척 좋아하셨는데, 그런 아버지를 보며 우리는 뭔가 대단한 작품을 만든 것 같은 기분에 괜히 으쓱했다.

아버지는 직업 덕분에 정말 많은 사람들을 만났는데 그중에는 가난한 사람들도 많았다. 하지만 내 기억으로 아버지는 늘 그들을 존중하고 인정했다. 또 아버지는 여러 나라의 역사와 정치 상황에 밝았다. 그런 아버지 덕분에 나는 생활 방식의 다양성을 누구보다 쉽게 받아들였고, 그 점은 환자들을 상담할 때도 큰 도움이 되었다. 청소년기에 한 번, 대학 졸업 후 다시 한 번, 두 번에 걸쳐 선뜻 외국으로 나갔던 것도 아버지의 코즈모폴리턴다운 삶의 영향이었다. 유럽 밖에도 큰 세상이 펼쳐져 있다는 사실을 나는 당연하게 받아들였다. 여행을 갈 때는 늘 기타를 챙겨 갔는데, 그것 역시 아버지의 영향이었다. 아버지와 기타를 치며 노래를 부르던 시간은 아름다운 기억으로 남아 있다.

이제 우리가 다시 모여 앉았다. 화창한 여름 낮이었다. 우리는 나란히 앉아 달콤한 자두 케이크를 나눠 먹었다. 예전에도 부모님은 자두 케이크를 자주 구우셨다. 그러나 마음은 슬펐고 서러웠으며 암담했다. 나는 울지 않으려고 이를 악물었다. 나는 잘 우는 사람이다. 걸핏하면 감동해서 눈물을 흘린다.

하지만 이번 눈물은 달랐다. 한번 눈물이 터지면 홍수가 날 것 같았다. 눈물이 한 방울이라도 또르르 구르는 순간 댐이 터져버릴 것 같았다. 지난 세월의 모든 노력이 이 눈물의 홍수에 휩쓸릴 것이고, 그러면 나는 더 이상 버티지 못할 것이다. 내 심리 방어력이 너무 약해졌기 때문이었다. 우리 아이들이 할아버지를 보는 것도 마지막이라는 생각이 들었다. "또 만나요."라는 큰애의 진지한 작별 인사에 아버지는 웃음으로 화답했다. 칼로 심장을 찌르는 것 같았다.

돌아오는 길, 가슴이 너무 아팠다. 이러다 병원으로 실려가는 게 아닐까 싶을 정도로 통증이 심했다. 심장이 칼로 찌르는 듯 아프면서도 미친 듯 쿵쾅거려서 심장마비가 오지는 않을까 겁이 났고, 후끈 열이 났다 다시 오슬오슬 추웠다를 반복했다. 누가 가슴을 끈으로 꽉 조여놓은 듯 숨쉬기가 힘들었다. 더 이상 견딜 수 없을 것 같았다. 심장이 쉬지 않고 뛰었다. 심장 뛰는 소리가 너무 시끄러워 잠을 잘 수가 없었다. 이런 '심장 소음'은 그 후 육 주 동안 한 시도 쉬지 않고 나를 괴롭혔다. 그리고 육 개월 동안 나는 출근할 엄두를 내지 못했다. 견디기 힘든 실존적 공포가 나를 덮쳤다. 누가 봐도 그 녀석이었다. 그 녀석, 우울증이었다.

'왜'를 묻기보다는 '무엇'을 물어야 한다. "왜 하필 나인가?"라는 질문으로 스스로를 괴롭힐 것이 아니라 우울증이 하려는 말이 무엇인지, 우울증으로 인한 온갖 감정들이 내 인생과 무슨 관련이 있는지, 우울증이 무엇을 향해 내 관심을 돌리려는 것인지 물어야 한다.

심리치료사의 우울증 노트 I

심리적 위기,
질병인가 건강한 반응인가

감정이 '아플' 수 있다

번아웃과 우울증은 일시적 탈진 상태에서부터 환자를 심각한 '무장 해제' 상태에 빠뜨리는 중증 임상 우울증에 이르기까지 양태가 매우 다채롭다. 우리의 메커니즘은 몸이든 마음이든 필요한 것이 있으면 주의를 환기시킨다. 그래서 우리는 '바이오컴퓨터'가 시키는 대로 배가 고프면 밥을 먹고 졸리면 잠을 자면 된다. 그러나 사람마다 특히 '약한 부위'가 있어서 부담이나 스트레스가 심할 때는 그곳부터 탈이 난다. 몸이나 마음이 고달프면 감기를 달고 사는 사람이 있는가 하면 조금만 힘들어도 여기저기 염증이 생기고 머리나 등이 아파 어쩔줄 모르는 사람이 있다. 이런 증상들은 몸이나 마음이 우리에게 보내는 경고 신호로 볼 수 있다.

번아웃과 우울증 역시 증상이 좀 더 중하고 복잡하기는 하지만 이런 경고의 신호로 볼 수 있을 것이다. 맡은 일을 도저히 해낼 수 없을 것 같고 새로운 일에 도전하기가 무서울 뿐만 아니라 손가락 하나 까딱할 기운도 없는 것 같은 기분은 이 특별한 상태의 몇 가지 증상에 불과하다. 그리고 이런 기분들은 모두가 시스템이 우리에게 보내는 '비상경보'이다.

심리 시스템이 여러 증상들을 이용하여 내적 불균형에 반응한다는 생각은 그 증상들이 우리의 내적 갈등과 부조화를 알리고 해결하려는 노력이며, 따라서 숨어 있는 중요한 사실을 알려준다는 주장과도 일맥상통한다. 균형이 깨질 것 같으면 몸과 마음은 균형 회복을 위해 노력한다. 증상 발현은 균형이 깨져서 우리 시스템이 해결책을 모색하고 있다는 신호일 때가 많다. 그러니까 증상은 (때로 손상을 일으킬 정도로 심각할 때도 있지만) 이대로는 안 된다고 우리가 느낄 수 있게 도와준다. 그럼 우리는 달라진 조건에 대처하고 그 조건의 위험성을 줄일 수 있는 여건을 조성하고 그 뒤편에 숨은 개별적 의미를 찾으려 노력할 테니까 말이다.

감정이 '아플' 수 있느냐는 질문은 타당하다. 정서적 예외 상태를 군이 병리학적으로 해석할 필요가 있을까? '질병'은 '오작동'을 뜻하기에 자아를 표현하는 심리를 (적어도 가벼운 증상인 경우엔) 아프다고 부르는 것은 적절하지 않다고 보는 사람이 많다. 그럼에도 우울증은 매우 심각한 질병상태이다. 우울증은 자아상을 허물고 일상을 무너뜨린다.

실제로 심리치료를 해보면 일시적인 불안과 중증 심리장애의 경계는 매우 유동적이고, 너무나 다양한 사람들이 너무나 다양한 고통을 호소하며 도움을 청한다.

우울증이 많이 진행되면 문제가 심각해져서 정상적인 일상생활을 할 수가 없다. 우울증의 안개가 너무 자욱하게 깔려서 온 세상이 색깔과 활력을 잃어버린 것 같다. 무엇을 해도 즐겁지 않고, 예전에는 무척 좋아하던 것도 아무런 감흥을 주지 못한다. 우울증의 라틴어 어원은 'deprimere'로, '내리누르다', '쇠약하게 하다'라는 뜻이다. 우울증은 한마디로 몸도 마음도 정신도 다 억눌려서 쇠약해진 상태인 것이다.

다른 질병들도 다 그렇듯 우울증 역시 개인의 무능이나 잘못 때문이 아니다. 우울증은 예고 없이 갑자기 들이닥쳐 삶 전체를 엉망진창으로 만든다. 하지만 우울증이라는 진단을 내리고 '라벨'을 붙인다고 해서 문제가 절로 해결될 수는 없다. '왜'를 묻기보다는 '무엇'을 물어야 한다. "왜 하필 나인가?"라는 질문으로 스스로를 괴롭힐 것이 아니라 우울증이 하려는 말이 무엇인지, 우울증으로 인한 온갖 감정들이 내 인생과 무슨 관련이 있는지, 우울증이 무엇을 향해 내 관심을 돌리려는 것인지 물어야 한다. 심리장애의 등장을 이상이 있다는 신호로 이해하고 그것의 의미를 찾아내는 것은 우리의 과제이다. 따라서 나는 우울증을 심각한 질병으로 생각하는 것과, 그리고 심리장애를 우리의 관심을 환기시키려는 개인의 내적 불안이라고 이해하는 것이 서로 모순되지 않는다고 생각한다.

그나마 번아웃은 아직 건강한 반응일지도 모르겠다. 시스템이 과부하에 걸리긴 했어도 아직 빠른 회복의 여지가 있는 건강한 상태일 수 있다. 그러나 우울증은 이미 치료가 필요한 심각한 질병이다. 번아웃 상태의 탈진 신호를 너무 오래 흘려듣고 무시할 경우 자신도 모르는 사이 병이 깊어져 우울증으로 발전할 수 있다.

중증 급성 우울증은 매우 위험한 상태이다. 환자의 숫자가 급증하고 있고, 치료의 필요성을 외치는 목소리도 커지고 있지만 여전히 우울증의 심각성을 인지하지 못하는 사람들이 많다. 아, 나도 너무나 잘 안다. 아무런 의욕이 없다. 힘도 없다. 아무도 없는 곳으로 기어들어가 가만히 혼자 있고 싶다.

우울증은 우수나 슬픔, 울적한 기분처럼 잠시 왔다 지나가는 일시적 감정이 아니다. 다들 느끼며 사는 정상적인 감정의 스펙트럼이 아니다. 우울증은 자아상을 부정적으로 바꾸고 나쁜 것만 눈에 들어오게 만든다. 다시는 좋아지지 않을 것 같고 미래가 불안하고 하루하루 버티는 것이 너무나 힘겨워지게 한다. 신경생리학적으로 보아도 우울증은 실제로 뇌를 '탈선'시킨다. 인슐린이 분비되지 않는 당뇨와 흡사하다. 당뇨는 타고난 유전적 결함이나 잘못된 식습관으로 인해 신체의 인슐린 분비가 원활하지 않은 질환이다. 당연히 몸의 균형이 깨질 것이고 건강에 적신호가 켜질 것이다.

마음의 탈진상태는 한편으로는 시스템의 건강한 반응일 수 있지만, 방치하면 심각하고 위험한 질병으로 진행될 수 있다.

우울증에 걸리면 실패한 인생일까?

모든 생명은 질병의 위험에 노출되어 있다. 살아 있다는 것 자체가 병을 앓을 위험을 동반한다. 신체 질병은 말할 것도 없고 마음의 질병 또한 누구에게나 찾아올 수 있다. 우울증 역시 우울증이라는 질병이 이 세상에 존재하는 동안에는 (적어도 이론적으로는) 모든 사람이 걸릴 수 있다. 물론 심리적 불안과 혼란은 인생의 일부이다. 이별과 고독, 실패와 슬픔이 없는 삶이 있을 수 없기 때문이다. 하지만 살면서 겪는 불안과 충격이 항상 질병으로 발전하는 것은 아니다. 모든 것이 그렇 듯 우울증 역시 타고나는 성향에 따라, 건강 상태에 따라 다른 양상을 띤다. 모든 사람이 동일한 조건에서 동일한 위험을 안고 사는 것은 아니라는 말이다.

엄청난 시련을 겪고도 병을 앓지 않는 사람도 많다. 반대로 눈에 띄는 위험 요인이나 유발 요인이 없는데도 중증질환을 앓는 사람들이 있다. 그런 점에서 본다면 심리질환과 신체질환은 둘 다 우연적이고 예측 불가능하며 운명적이라는 공통점이 있다. 학계는 우울증을 촉진하는 요인을 찾기 위해 꾸준히 노력하고 있으며, 그런 요인이 존재하는 것도 사실이다. 하지만 그것 역시 개인의 스트레스 파장과 심리사회적, 생물학적인 문제가 복잡하게 뒤엉켜 질병이 유발될 수 있는 확률을 말해줄 수 있을 뿐이다. 심리질환에 백 퍼센트 안전한 사람은 없으므로 지금까지의 학술연구는 누가 병에 걸릴 것인지 명확히 예상할 수 없다. 인류가 탄생한 이후 모든 문화권에서 심리장애는 늘 있어왔다.

우울증을 앓는 사람은 전 사회계층, 전 직업군에서 나올 수 있다. 특별한 재능이 있다고 해서, 대학교를 졸업했다고 해서, 운동을 열심히 했다고 해서 심리질환에 안전한 것은 아니다. 더구나 우울증은 그 병상도 다양하다. 원인, 증상, 경과가 너무나 각양각색이므로 우울증이라는 사실을 알아차리는 것부터가 간단치 않다. 그럼에도 우울증은 가장 흔한 질환에 속한다. 연구 결과에 따라 조금 차이가 있기는 하지만 평생 한 번이라도 우울증을 앓을 위험은 12~20퍼센트에 이른다. 우울증은 청소년기나 청년기에 많이 걸리는 정신질환이나 식이

장애와 달리 연령을 가리지 않지만 가장 많이 발생하는 연령대는 서른 살까지의 청년기와 쉰 살 이후의 장년기다. 청년기 우울증은 최근 들어 취업난이 겹치면서 예전보다 더 큰 관심을 받고 있다. 이 시기 청년들은 청소년기와 달리 부모의 적극적 지원이 끊어지며 독립을 해서 직업을 찾고 나름의 인생을 시작해야 한다는 부담감에 시달린다. 이런 이중의 압박으로 인해 심리질환에도 취약한 것이다.

두 번째 위기는 인생의 고비를 모두 넘긴 쉰 살 무렵에 찾아온다. 인생의 상당 부분이 이미 지나갔고 회사에서도 슬슬 밀려날 시기이며 아이들은 다 자라 제 인생을 찾는 중이다. 지금까지의 역할로는 더 이상 쓸모가 없어지는 시기이다.

우울증은 흔히 스트레스와 연관이 있다는데, 그럼 인생의 '러시아워'라고 불리는 서른 살에서 마흔다섯 살 사이에는 왜 우울증이 많지 않을까? 아마도 이 시기는 직장에서 자리를 잡고 가정을 꾸려 아이를 낳아 키우는 때이므로 힘은 들어도 풍요로운 자아실현이 가능한 시간이기 때문일 것이다. 어쩌면 아직 비축해둔 마음의 에너지가 남아 있어서 몇 년은 더 버틸 수 있을 것이다. 정작 병은 긴장이 풀릴 때 찾아온다. 다들 알 것이다. 엄청난 스트레스를 받다가 맡은 업무를 끝내고 휴가를 떠나면 기다렸다는 듯이 감기가 찾아오지 않는가.

중증 질환은 익숙한 우리의 자아상과 세계관을 깡그리 무너뜨리는 충격적인 경험이다. 무엇이든 인과관계부터 따지는 우리의 습관이 질병으로 인해 심각한 시험에 들게 된다. 건강하게 살면 아무 일도 안 일어난다거나, 우울증도 이겨내겠다는 의지만 있으면 반드시 극복할 수 있다는 생각, 그리고 약을 잘 챙겨 먹으면 상태가 호전된다는 식의 믿음이 한계에 부딪친다. 그렇게 되면 인생을 내 뜻대로 바꿀 수 있는 자신의 능력이 생각만큼 크지 않다는 것을 인정할 수밖에 없다. 우리가 할 수 있는 것은 그저 인간의 한계를 인정하고 그럼에도 절망하지 않고 그에 맞는 새로운 행동 방식을 습득하는 것뿐이다.

　요즘엔 계몽과 정보 덕에 심리질환에 대한 인식이 많이 나아졌지만 그래도 심리질환을 앓는 사람들은 여전히 정신병자라는 낙인이 찍힐지도 모른다는 불안에 시달린다. 우울증 환자들은 우울증에 걸린 것을 실패라고 느끼고 자신에게 크게 실망한다. 병은 주로 환자의 그릇된 생활 방식 탓이라는 비합리적 사고가 우리의 생각 깊은 곳에 자리하고 있어 우울증 환자들마저 수치심을 느끼고 병을 숨기려 드는 것이다.

독일 속담에 "모두가 자기 행복의 대장장이"라는 말이 있다. 행복도 다 자기 책임이라는 소리다. 미국 헌법에는 인간에게는 행복을 추구하고 자신을 펼쳐나갈 권리가 있다고 명시되어 있다. 그 말은 반드시 지금 꼭 행복해야만 하는 것은 아니며, 행복하기 위해선 자신의 노력보다 더 많은 것이 필요하다는 의미이다.

우리 시대는 모두가 모든 것을 이룰 수 있다고 생각한다. 하지만 그런 생각은 어두운 그늘을 드리운다. 고난을 겪고 실패를 하고 꿈이 부서지면 그것 역시 개인의 무능 탓이라고 생각한다. 수천 년 동안 인류는 고난과 실패를 인생의 본질이라고 보았다. 그러나 현대인들은 그것이 개인의 탓이라고 착각한다. 누군가 아프면 그 사람이 혹시 무슨 잘못을 한 게 아닌가 하고 먼저 묻는다. 과식을 했을까? 과음을 했을까? 담배를 너무 많이 피웠을까? 심근경색이라는 말을 들으면 과로를 먼저 떠올리고, 폐암이라는 말을 들으면 흡연을 연상하며, 문제아 자식을 둔 부모는 필시 아이를 잘못 키웠다고 낙인찍는다. 번아웃은 과도한 스트레스와 선을 긋지 못하는 약한 마음 탓이다.

이런 식의 생각은 책임 전가가 동반된 무언의 도덕적 꼬리표이다. 우리는 서로에게 엄청난 책임을 전가한다. 그 결과 건강한 사람은 환자에게 낙인을 찍고 환자는 자괴감과 수치심에 빠진다. 이런 태도는 삶의 우연성을 제거할 수 있다는 심정적 확신에서 비롯한다. 이런 태도로 우리는 남들처럼 실수만 하지 않으면 나는 무사할 수 있다는 착각에 빠진다. 하지만 현실은 다르다. 누구든 병에 걸릴 수 있다. 우리도 환자들과 똑같이 병에 걸릴 수 있다. 병은 책임의 문제가 아니다. 세상 그 누구도 심리적 위기에 빠지겠다고 열심히 노력할 리 없다. 이런 인과적 사고는 서로를 향한 공감을 가로막고 연대감을 무디게 한다.

건강한 것은 자신의 공이라기보다 운이 좋아서이다. 우리는 성공도 실패도 개인의 탓으로 돌리려고 한다. 그로 인해 인간 실존의 일부인 실패가 개인의 무능과 책임의 영역으로 밀려난다. 실패의 경험만으로 이미 충분히 괴로운 사람에게 잘못했다는 도덕적 압박까지 지운다. 하지만 그 사람에게 진짜 필요한 것은 비난과 지적이 아니라 공감과 지원과 존중이다. 우울증 환자에게는 배제당하지 않고 공동체의 지지를 받는다는 느낌이 너무나 중요하다. 그러자면 이들이 솔직하게 자신의 슬픔과 절망을 이야기할 수 있어야 한다. 손가락질 받을지도 모른다는 걱정 없이 마음 편히 자신의 증상을 털어놓을 수 있어야 한다.

우리 삶의 많은 부분은 우연이고 운명이다. 각자가 타고난 가정환경과 사회환경만 생각해봐도 그렇다. 우울증에 걸린 어머니와 알코올 중독에 빠진 아버지 밑에서 자란 아이의 정서적 부담은 너무나도 당연하다. 하지만 어쩌면 이 아이에게 더 힘든 것은 평생 동안 짊어져야 할 수치와 낙인일지도 모른다. 이 아이들은 가족의 상처로 인해 일찍부터 정서적 부담을 안게 되고, 당연히 그렇지 않은 사람들보다 더 심리장애에 취약할 것이다. 어릴 때는 그래도 낫다. 우리는 어른보다 어린이에게 더 많이 공감한다. 그러나 언젠가 그 아이들도 어른이 될 것이고, 그 후엔 아무도 그의 마음을 읽어주려 하지 않는다.

심리질환의 숨은 요인들

심리질환은 예측하기 힘들지만, 그럼에도 잠시 심리질환의 심리사회적, 생물학적 위험 요인들을 살펴보려고 한다. 물론 이 위험 요인들은 통계학적 확률이므로, 눈에 띄는 특별한 사건이 없었는데도 심리질환이 발생할 수 있는 이유에 대해서는 설명할 수 없을 것이다.

심리사회적 차원은 개인의 특수한 성장 과정과 우울증 질환을 유발할 수 있는 심리사회적 측면을 포함한다.

성장과정: 심리사회적 측면에서 유아기는 인성과 심리적

저항력의 형성에 결정적인 시기이다. 우리 모두는 아기의 모습으로 세상에 태어나고, 아기는 신체적으로나 정서적으로 절대적 종속 상태에 있다. 이처럼 정서적으로도 완전히 종속되기에 아기는 보호자에게 순응할 수밖에 없다. 물론 그 덕분에 아기의 생존을 보장되지만 대신 그 아기가 나중에 어른이 되었을 때 심리질환에 취약할 수 있다. 어떤 사람이 지나치게 자신을 채찍질하고, 자신의 감정과 한계를 잘 깨닫지 못하며 타인의 기대와 감정에 과도하게 신경을 쓰는 경우 그 원인이 어린 시절에 있는 경우가 많다. 부모와의 관계에서 자신의 생존을 보장받아야 하는 초기의 무의식적 패턴이 훗날 어른이 되어 걸림돌이 되는 것이다.

심리질환 환자의 과거에서 관계 차원의 트라우마가 발견되는 일은 매우 흔하다. 상실의 경험이나 정서적 부담의 경험 같은 것들 말이다. 성범죄나 폭행, 방임 같은 심각한 문제가 꼭 필요한 것이 아니다. 은폐되어 깨닫기 힘든 어린 시절의 정서적 상처가 심리적 문제를 낳는 경우도 많다. 예를 들어 먹고사는 데 너무 급급하여 아이에게 관심을 가지고 대화를 많이 나눌 마음의 여유가 없던 부모를 둔 아이나, 자식보다 성공이 먼저인 부모를 보고 자란 아이는 성공하지 않으면 인정받지 못한다고 배우게 된다. 그래서 나중에 어른이 되어 실패를 하게 되면 온 세상이 무너진 것 같은 절망에 빠질 것이다.

심리질환을 일으키는 사건들: 이렇듯 성장 과정에서 심리 시스템이 취약해진 사람도 인생이 아무 일 없이 흘러가면 잘 살수 있다. 그러나 삶이란 늘 복병이 있는 법이다. 살다가 심각한 위기가 찾아올 경우 마음의 방어벽이 더 이상 어린 시절의 상처를 막아내지 못한다. 위기는 과거의 상처와 결합하여 우울증을 유발한다. 환자들을 치료하다 보면 심리질환의 원인에 비해 질환의 정도가 너무 심각한 경우가 더러 있다. 이별이나 가족의 질병이 원인인 경우는 그나마 이해가 되지만 출산이나 이직도 우울증의 원인이 된다. 심지어 소소한 다툼이나 작은 실수가 우울증의 계기가 되는 경우도 있다.

물론 어린 시절의 상처가 없어도 우울증은 찾아온다. 특히 이별이나 죽음 같은 상실의 경험이나 가족의 중증 질환이 우울증의 위험을 크게 높인다. 해마다 수천 명의 사람들이 가족이나 친구의 죽음을 경험한다. 애도의 과정은 정해진 시간표가 있는 것이 아니어서 사람에 따라 정말로 오래 걸리기도 하지만 이것은 질병으로 분류할 만한 장애와는 완전히 다른 상태이다. 그러나 이런 식의 정서적 충격 탓에 슬픔과 고통과 상실감이 너무 심해져서 전혀 일상생활이 불가능한 우울증으로 발전할 수도 있다.

번아웃은 직장의 위험 요인 탓인 경우가 대부분이다. 직장에서 지속적으로 과도한 부담에 시달리거나 업무를 내 뜻대로 조절하거나 통제할 수 없다는 기분이 들 경우 번아웃 반응이 일어날 확률이 급격히 높아진다. 마감에 쫓기거나 야근에 시달리고 과도한 부담과 업무 강도에 휘청대는 것도 문제지만 적은 보상과 부족한 승진 기회, 낮은 임금도 번아웃의 위험을 높인다. 또 조직의 불공평한 처우, 부당하고 투명하지 못한 상사의 처신도 위험 요인이다. 이런 요인들이 여럿 겹치게 되면 번아웃을 넘어 심각한 우울증으로 발전할 수 있다.

따라서 이런 요인들을 제거하는 것이 번아웃의 예방법일 것이다. 예를 들면 개인에게 업무 처리의 권한을 많이 부여하고, 서로를 존중하고 협력하며 소통이 잘되는 편안한 직장 분위기를 조성하며, 투명하고 공정한 업무 조직을 만들어나가면 된다. 또 하루 일곱 시간 이상 잠을 충분히 자고, 근무시간이 주당 40~45시간을 넘지 않아야 한다. 그 밖에 활발한 인간관계, 적당한 운동, 균형 잡힌 식습관도 번아웃과 우울증 예방에 큰 도움이 되는 것으로 알려져 있다.

고용주들은 건강한 직장 분위기를 조성하고 유지하도록 적

극 노력해야 할 것이다. 제아무리 열정에 넘치는 직원도 과로
와 스트레스에 시달리면 실수가 잦을 것이고, 그럼 고객의 불
만도 늘 것이다. 최악의 경우 번아웃에 빠져 몇 주 동안 병가
를 내야 할 것이므로 그로 인한 경제적 손실도 만만치 않을
것이다.

생물학적 차원에서는 세로토닌, 노르아드레날린, 도파민
같은 신경전달물질과 호르몬의 활동이 우울성 질환의 발생에
결정적인 영향을 미친다. 신체의 모든 부위가 그러하듯 두뇌
역시 사람마다 다르다. 불안과 슬픔 같은 감정을 너무 일찍
경험할 수밖에 없는 상황이나 조건, 인간관계는 모든 인간의
뇌 신경조직에 흔적을 남기지만 보통 인간의 두뇌는 유연해
서 힘든 경험도 잘 소화하고 처리한다. 그런데 우울증에 걸리
면 두뇌와 정보를 전달하는 연접부위인 시냅스의 신진대사가
장애를 일으켜 제 기능을 하지 못한다. 우울증이 동반하는 각
종 신체적 문제는 바로 이런 신경시스템의 오류 때문이다. 우
울증에 걸리면 잠을 잘 못 자고 입맛이 떨어지며 맛을 잘 느
끼지 못하는가 하면 소리에도 예민해진다. 두통과 근육통, 악

몽, 불안에 시달리며 심장이 두근거리고 어지러운 데다가 기운이 하나도 없다.

우리는 각자 다른 기질을 갖고 태어난다. 형제가 있거나 자식이 있는 사람이라면 인간이 얼마나 다른지 잘 알 것이다. 환경 요인은 여러 가지 측면 중 하나에 불과하다. 이처럼 사람마다 다른 개성 역시 심리적 질환의 숨은 요인이다.

우울증은 레드카드였다. 나는 경기장에서 쫓겨났지만

이대로 살면 안 된다는 사실밖에는 아는 것이 없었다.

어쩔 수 없이 삶을 바꾸었고 인생관을 고민했다.

나는 혼자가
아니었지만

나는 내가 낯설었다

약 25주 동안 내 상태는 완곡하게 표현해도 밤보다 더 어두웠다. 몸이 반란을 일으켜서 모든 것이 엉망진창이었다. 심장은 도저히 진정이 되지 않아서 시끄럽게 쿵쾅대며 미친 속도로 온 몸을 질주하였고, 그 소리에 놀라 나는 자꾸 잠에서 깼다. 도무지 쉴 수가 없었다. 한 시간 이상을 자지 못한 채 며칠이 지나자 나는 완전히 기력을 잃고 말았다.

몇 시간 동안 일어나지도, 그렇다고 잠을 자는 것도 아닌 상태로 꼼짝도 못하고 누워 있을 때면 평생 한 번도 느껴본 적 없고 말로는 도저히 설명할 수 없는 공포가 밀려들었다. 이렇게 영원히 일상생활도 불가능한 상태가 계속되면 어떻게 하지? 일도 못하고 가족을 책임지지도 못하게 되면 어쩌지? 그제야 깨달았다. 그동안 내가 쌓은 책임의 산이 얼마나 높은

지. 불안은 자꾸 커져만 갔고, 내 인생은 여기서 끝이라는, 이 제 남은 것은 추락뿐이라는 절망감을 떨치지 못했다. 머리가 아팠고 설사가 잦았으며 글자를 봐도 뜻이 들어오지 않았다. 몸이 덜덜 떨려서 글을 쓸 수도 없었고 집중력이 바닥을 드러냈다. 무슨 일을 해도 무지막지하게 힘이 들었다.

그중에서도 최악은 그 무엇과도 바꿀 수 없는 내 아이들의 넘치는 활력이 참기 힘들어졌다는 사실이었다. 모든 것이 너무 버거웠다. 아침에 일어나려면 젖 먹던 힘을 동원해야 했고 몇 시간이 걸렸다. 몇 시간 동안 자신과 사투를 벌여야 겨우 자리에서 몸을 일으킬 수 있었다. 누워 있어도 편하지가 않았다. 어쩔 수 없어서 누워 있기는 했어도 고통스러웠고 몸이 납처럼 무거웠다. 건강했을 때 인간이 이렇게 무기력할 수 있다는 상상을 해본 적이 없었다. 남은 힘을 총동원하기 위해 이를 악물어도 도무지 기운이 나지 않았다. 누워 있어도 회복이 되지 않고, 누워 있어도 편치가 않았다. 그 상태가 너무 고통스러웠다. 두 번 다시 예전으로 돌아갈 수 없을 것이라는 확신에 아침 식탁에서 눈물을 쏟았다.

억지로 산책을 했다. 그렇게라도 해야 내 상태에서 벗어날 수 있을 것 같았다. 몸이 이렇게 엉망진창인 비상 상황에선 운동이 제일 유익하다고 배웠으니까. 그러나 산을 오르고 들을 가로지르면서도 여전히 정신이 멍했고 생각은 콩밭에 가 있었다. 자신을 잃어버린 사람, 이 세상 사람이 아닌 사람 같았다. '안개 속을 걷는 듯 이상해.' 그런 생각이 들었다.

바깥은 찬란한 여름이었지만 그 뜨거운 햇볕이 내 안으로 들어오지 못했다. 작은 것에 기뻐하려고 노력했다. 나무 밑에 떨어진 도토리, 처음 봤을 때 초록이었지만 며칠 새 노랗게 익어 나무에 매달려 있던 자두……. 그러나 내겐 생존이 전부였다. 하루를 무사히 넘기는 것이 전부였다. 아침에 눈을 뜨면 얼른 오늘이 지나갔으면 좋겠다고 생각했다. 그리고 그 생각에 충격을 받았다. 그동안 시간은 늘 의미 있게 채울 수 있는 소중한 기회였는데 이제 나는 그 시간이 어서어서 지나가기만을 바랐다. 우울증의 가장 큰 위험이 바로 자신이 낯설다는 이런 느낌이었다. 갑자기 내가 예전과 전혀 다른 사람, 내가 절대 되고 싶지 않은 사람이 되었다. 나의 몸, 나의 생각, 나의 경험, 모든 것이 낯설었고 제 박자를 잃어버렸다.

그 시절 내 안의 이런 혼란을 이해하는 데 가장 도움이 되었던 것은 우울증을 강력한 스트레스 반응으로 보는 이론이었다. 스트레스를 받으면 자율신경계가 긴장하는 것은 사냥을 하던 우리 선조들의 유산이다. 이런 상태에서는 심장 박동이 빨라지고 호흡이 얕아지며 근육이 긴장하고 신진대사가 활발해진다. 긴장을 풀고 숙면을 취하기란 어림없는 일이다. 탈진의 증상도 이와 매우 비슷했다. 다만 기간이 짧지 않고 몇 주 동안 계속되었다는 점이 달랐다.

이런 증상이 나타날 때엔 몸의 모든 차원이 동시에 활동을 할 수는 없기 때문에 불필요한 기능은 최소로 축소된다. 면역계의 활동이 줄어들고 수선과 재생 과정이 멈추며 뇌가 단기기억 정보를 장기 기억으로 보내 저장하지 못하기 때문에 집중력이 눈에 띄게 떨어진다. 복잡한 문제를 비판적으로 고민할 수도 없고, 그로 인해 무엇보다 힘든 결정을 내릴 수가 없어진다.

나 역시 대화를 따라가기가 힘들었고 상대의 말을 경청하기가 무척 고되었으며 자꾸만 실마리를 놓쳤다. 다행히 나는 급성 위기 상태에선 중요한 결정을 내리지 않는 것이 좋다는 사실을 배워서 알고 있었다. 우울증일 때는 불안이 크고 미래가 암담하기 때문에 현실적인 판단을 하기 힘들다. 아마 그 사실을 몰랐더라면 상담실을 지레 포기했을 것이고, 만약 그랬다면 지금 엄청 후회하고 있을 것이다.

나는 주변 사람들에게 되풀이해서 말했다. 지금 내 상태를 말로 표현하기가 너무 힘들다고. 몸이 안 좋다는 말로는 내가 느끼는 몸과 마음의 차원이 거의 전달되지 못했다. 뇌가 완전히 고장 난 것 같았다. 뇌가 보내는 신호가 뒤죽박죽이었고 신체 기능들이 서로 협력을 하지 않아 엉망진창이었다. 컨트롤 타워가 고장이 났다. 생화학적 기능이 탈선하고 눈물샘이 폭발했다. 신경쇠약을 몸이 먼저 알아차려서 불안모드가 계속되었다. 밤 열한 시에 완전히 기진맥진해서 까무룩 잠이 들었다가도 밤 한 시면 어김없이 다시 눈이 떠졌고 그렇게 잠 못 든 채로 밤을 꼬박 새웠다. 잠은 안 오고 정신은 초롱초롱한데 몸은 자꾸 늘어졌고 근심 걱정이 꼬리를 물었다.

고독하고 어두운 밤엔 불안이 더 심해졌다. 마음이 한없이 허전했다. 몇 시간 동안 울고 나서 현실을 실감하기 시작하는 날들이 계속되었다. 잃어버린 모든 것이 안타까워 하염없이 눈물이 났다. 누가 나를 품에 안고 위로를 해주면 더 울었고 도무지 진정이 되지 않았다. 어떤 땐 왜 우는지도 모르면서 눈물을 흘렸다. 아프니까 앞으로 살아갈 일이 막막했다. 아이들을 잘 키울 수 있을까? 다시 일을 할 수 없지 않을까? 남편에게 짐만 되지 않을까? 두 번 다시 예전으로 돌아갈 수 없지 않을까? 이런 걱정을 하면서 울었다.

우울한 기분 때문에 현실이 더 암담해 보였고, 절대 바뀌지 않을 것 같았다. 이런 감정의 안개 탓에 우울증은 자살충동을 일으킨다. 사는 게 버겁고 살아갈 힘이 없어서 버틸 수 없을 것 같았다. 아이들을 아침에 깨우는 지극히 일상적인 일조차 힘에 부쳤다.

"왜 하필 나야?"

우울증에 걸린 사람들이 길을 찾지 못해 자살을 한다면 그건 정말 비극적인 일이다. 하지만 그사이 나는 재발하거나 만성화된 우울 에피소드와 싸우는 사람들은 건강한 사람들이 절대 이해할 수 없고 공감할 수도 없는 상태를 경험한다는 사실도 잘 알게 되었다. 나는 이 말을 주문처럼 외웠다. "다 지나간다. 에피소드도 지나간다." 진짜로 믿었다기보다 희망의 성격이 짙었다. 그래도 주변에서 계속 그런 말을 해준 것이 큰 도움이 되었다. 특히 동료들의 입에서 나온 말들은 나한테 큰 힘을 주었다. 나는 운이 좋아 주변에 전문가들이 많았다. 이런 특혜를 누리지 못하는 사람들은 얼마나 더 힘들까? 스스로도 쉬지 않고 내 마음을 다독였다. '지난 36년 동안 잘 살았잖아. 그러니까 조금만 있으면 몸도 마음도 다시 예전처럼 제 길을 찾아낼 거야.' 실제로 내 몸과 마음은 제 갈 길을 알고 있었다. 다만 그 길을 찾기까지 너무나 많은 시간이 걸렸을 뿐이다.

나는 활을 너무 세게 잡아당겼다. 힘이 떨어질 때까지 당기고 또 당겼다. 그래서 못 견딘 활이 '끙!' 신음소리를 내며 부러졌다. 아예 잡아당길 수조차 없을 정도로 완전히 부러져버렸다. 나는 참담한 마음으로 집에 틀어박혔고 아무하고도 만나고 싶지 않았다. 수치스러웠고, 활을 잘 다뤄서 나보다 풍성한 결실을 맺은 사람들이 부러웠다. 나의 힘과 순발력, 나의 에너지가 완전히 고갈되었다. 정말 열심히 살았는데 그 모든 노력이 허사로 돌아갈 수도 있다고 생각하니 자존심이 상했고 겁이 났다.

어쩌면 등 뒤에서 사람들이 이렇게 쑤군댈지도 몰랐다. "어째 너무 욕심을 부린다 했어." 어쩌면 그 말대로 내가 과욕을 부렸는지도 몰랐다. 하지만 나는 자신을 원망하지 않으려 노력했고, 어쨌든 삼십 대 중반까지는 계획대로 살 수 있었으니 얼마나 다행이냐고 마음을 달랬다. 그래도 죄책감을 다 지울 수는 없었다. '어쨌든 다 내 탓이야.' '조금만 여유를 갖고 천천히 살았더라면 이런 일이 안 일어났을 거야.' 이런 기분이 사라지지 않았다. 쓸데없다는 것을 잘 알면서도 자꾸만 물었다. 왜 하필 나인가? 어떻게 이 지경이 될 때까지 까맣게 몰랐을까? 과연 이런 삶을 계속 살아갈 수 있을까? 나도 몰랐던 것 같다. 사람이 이 지경이 될 수 있으리라고는 나도 예상치 못했던 것 같다. 그나마 이 질병은 당장 죽지는 않으니까 참고 견디면 병과 함께 늙을 수 있다. 하지만 참고 견디는 것이, 이런 상태를 계속 참아야 한다는 생각만 해도 도저히 용기가 나지 않았다. 나는 정말 잘 참는 사람이다. 한 번도 인생을 즐겨야 한다고 생각해본 적이 없는 사람이다. 그런 나도 참고 견딜 용기가 나지 않았다.

항우울제를 먹기 시작했다. 무엇보다 잠을 자지 못해 미칠 것 같았기 때문이다. 몸은 기진맥진인데 도무지 잠을 잘 수가 없었다. 이러다 정말 미치면 어쩌나 무서웠다. 약을 먹으니 잠을 잘 수 있었고 그래서 얼마나 고마웠는지 모른다. 하지만 수치심은 사라지지 않았고 '도저히 이해가 안 돼!'라고 외치는 마음의 목소리도 그치지 않았다. 자존심이 상했다. 이런 내 꼴을 아무도 몰랐으면 하고 바랐다.

아침에는 약 기운 때문에 비몽사몽이어서 정신을 차리지

못했다. 그래도 그 정도는 참을 만했다. 몸무게가 심하게 늘었지만 그것 역시 아무렇지도 않았다. 몸무게에 신경을 쓰게 된 건 우울증이 좋아지고 나서였다. 우울증이 아침에 더 힘들다는 것은 이론적으로 알았지만 그게 실제로 어떤 의미인지는 전혀 상상하지 못했다. 아침이 하루 중 최악이어서 밤이 되면 다음 날 아침이 무서워 지레 겁을 집어먹었다. 오늘 하루를 도저히 버틸 수 없을 것 같아서 몇 달 동안 아침 식탁에 앉아 눈물을 쏟았다. 아침에는 장보기도 불가능했고 아무 일도 처리하지 못했으며 병원에도 못 갔다. 세상이 암담하여 희망도 미래도 없었다. 너무 고통스러웠지만 시간은 느리게만 갔다. 나는 멍하니 앉아 있었고 그나마 혼자가 아닌 것이 얼마나 다행인지 몰랐다.

그래도 대부분 오후가 되면 기분이 훨씬 나아져서 어떤 땐 오전과 오후가 전혀 다른 사람인 것 같았다. 오후가 되면 생각도 기분도 달라져서 다 잘될 것이라는 희망도 생겼다. 하지만 다음 날 아침이 되면 다시 모든 희망이 산산조각 났다. 약을 먹고 잠을 오래 자도 아침의 저기압은 단축되지 않았다. 정신을 차리려면 뇌가 정확히 그 시간만큼이 필요한 듯, 내가 자리에 누워 시간을 끌면 정신을 차리는 데 더 많은 시간이 걸렸다.

몇 주 동안 일을 할 수 없다 보니 수입이 끊겼다. 자영업자는 자유가 많은 만큼 위험부담도 크다. 일을 못하고 칠 주째부터는 질병 보조금이 나왔지만 그것으로는 어림도 없었다. 통장이 마이너스가 되기 시작했다. 지출은 계속되고 병원비까지 들었다. 요즘 나는 만나는 사람마다 붙잡고 아파서 일을 못할 때를 대비해서 대비책을 강구하라고 권한다. 나 역시 건강했을 때는 대비책에 별로 신경을 쓰지 않았다. 게다가 질병이라고 하면 신체 질병을 먼저 생각했다. 지금 생각해보면 참 세상물정을 몰랐던 것 같다. 휠체어에 앉아서도 팔이 하나 없어도 심리상담은 할 수 있다고 안심했으니까. 늘어나는 마이너스 걱정을 하고 있으니 건강이 좋아질 리 없었다. 목돈 마련을 위해 들어두었던 적금도 수입이 없으니 계속 넣을 수가 없었다.

"필요하면 언제라도 연락해."라는
말에 대하여

그 시기에 가장 중요했던 것은 혼자가 아니라는, 혼자 이 힘든 길을 걸어가지 않아도 된다는 경험이었다. 가족을 제외하고도 나를 걱정하는 좋은 친구들이 있었고 가정의와 정신과 의사, 심리치료사가 전문적인 지원을 아끼지 않았다. 그들을 향한 감사의 마음은 말로 표현하지 못할 만큼 크다.

그 상황에서 나는 이해와 격려를 아끼지 않는 타인의 도움에 많이 의지했다. 나를 인정하고 존중해준 그들의 따뜻한 마음은 큰 감동을 안겨주었다. 아무리 제정신이 아니어도, 아무리 무능해도, 아무리 실패를 했어도 나는 인간이었다. 특히 동료들의 전문적인 지원은 쓸데없는 기대와 그릇된 판단을 막아준 든든한 울타리였다.

물론 나도 예전에 상담을 하러 온 환자들에게서 들었던 경험을 했다. 친하게 지내던 사람들이 갑자기 연락을 끊었다. 시간이 아무리 가도 잊지 않고 안부를 묻고 도움을 주려는 사람들도 많았지만 우울증이 무슨 전염병이라도 되듯 겁을 내며 관계를 끊어버리는 사람들도 있었다. "필요하면 언제라도 연락해." 이런 말을 얼마나 자주 들었는지 모른다. 듣기에는 다정하지만 아무런 도움이 안 되는 말이다. 우울증 상태에선 먼저 연락을 할 수가 없다. 그러기에 말 안 해도 정기적으로 연락을 하고, 먼저 도움의 손길을 내밀어 혼자가 아니라는 느낌을 전해준 사람들이 진심으로 고마웠다.

　지금 그들이 마주한 사람은 병으로 인해 일체의 활동이 멎어버린 사람이다. 내 입장에서도 주는 것 없이 받기만 하는 상황이 편치 않았다. 우울증은 주고받기의 균형이 깨진 비상 상태이다. 그 상황에 처한 누군가에게 도움이 필요하면 먼저 연락을 취하라는 주문은 지나친 요구이다. 그냥 꽃 한 다발 손에 들고 잠시 들러서 차 한 잔 마시며 어떤지 묻고 눈물을 참아주며 혹시 뭐가 필요한지 살피는 것이 진정으로 도움이 되는 행동이다.

　나와 내 질병을 바라보는 불안의 시선을 나는 충분히 이해할 수 있었다. 그래서 용기 있게 그 불안을 함께 나누고 먼저 그 이야기를 꺼내주는 사람이 고맙고 반가웠다. 반대로 병이 존재하지 않는 것처럼 아예 입에 올리지도 않는 사람을 만나면 실망스러워 기운이 빠졌다.

나는 우울한 기분과 생각에 완전히 사로잡혀 전혀 다른 이야기를 할 수 없었다. 소소한 일상의 이야기도 하기가 힘들었다. 하루 종일 엉망진창이 된 나의 상태와 고통에만 골몰했다. 그런 상황에서 용기를 내 안부를 묻고 슬픔과 절망과 피로를 공감할 수 있는 사람이 있다는 것은 정말로 큰 힘이 된다. 상대의 감정을 참아줄 수 있고 상대에게 우울하지 않은 세상을 알려줄 수 있는 사람들이 좋았다. 안테나를 곤두세워 대화조차 힘겨워하는 내 심정을 섬세하게 포착하고 가만히 입 다물고 옆에 있어주는 그런 사람들이 좋았지만, 그런 사람은 많지 않았다.

심리치료를 시작했다. 심리치료사는 나와 함께 몇 달에 걸쳐 내게 무슨 일이 있었는지 지난 내 여정을 더듬어갔다. 이 엄청난 마음의 재앙을 이해하고 충격을 떨치고 일어나 다시 행동하려면 그 과정이 꼭 필요했다. 나는 죽음과 죽음에 대한 공포와 내 슬픔의 경험을 다시 한번 되짚어보았다. 무엇이든 할 수 있다고 믿었던 그 자신만만함의 근원을 파헤치고 우울증을 나의 일부로 받아들이려고 노력했으며 그것이 내 삶에 전하는 메시지가 무엇인지 고민했다.

우울증과 더불어 음지, 즉 지금까지 살아온 내 삶의 이면이 고개를 내밀면서 제자리를 요구하는 것만 같았다. 우울증은 레드카드였다. 나는 경기장에서 쫓겨났지만 이대로 살면 안 된다는 사실밖에는 아는 것이 없었다. 어쩔 수 없이 삶을 바꾸었고 인생관을 고민했다. 그 사실을 받아들이기까지 나는 잃어버린 것이 안타까워 많이도 울었다. 다시 돌이킬 수 없는 인생의 한 단락을 멀리 떠나보낸 기분이었다. 내 청춘, 내 에너지, 내 힘의 시기와 나는 작별을 고했다. 얼음장처럼 굳은 마음은 죽음과 다르지 않았다. 삶의 한가운데에서 죽음을 맞이한 기분이었다.

나는 다시 나의 손을 잡았다

점차 이 위기가 중대한 인생의 전환점이라는 깨달음이 밀려왔다. 심리치료를 통해 나는 실로 오랜만에 다시 나의 손을 잡았다. 무엇보다 스트레스와 부담을 줄이고 삶의 속도를 줄일 필요가 있었다. 일상에 쫓겨 좋아하던 많은 것을 놓치고 살았다는 깨달음도 들었다. 기타를 치며 노래를 불렀던 때가 언제였을까? 일기를 쓰고 춤을 추고 텃밭을 일구던 때가 언제였던가? 마음의 양식이 되어주었던 모든 활동이 멎었다. 아이들은 사랑으로 보살피면서도 정작 나 자신은 그러지 못했다. '나중에, 나중에' 하고 자꾸만 미루었다. 하지만 그 나중이 오지 않을 수도 있다는 생각이 들었다.

"현재를 살아라!" 환자들에게 했던 말을 나는 왜 실천하지 못했을까? 저 하나도 못 챙기는 치료사가 환자는 어떻게 보살피고 치료할 수 있겠는가? 내가 얼마나 자신에게 가혹했던지 새삼 깨달았다. 집에서도 상담실에서도 나는 늘 남을 먼저 보살폈다. 상대의 요구를 들어주고 상대의 말에 귀를 기울이며 위로와 용기를 주었다. 남은 그렇게 잘 챙기고 다독이면서 자신은 왜 그렇게 내팽개치고 방치했을까? 타인에게 쏟아부을 힘은 이미 바닥을 드러냈다. 누구를 만나도 고단했기 때문에 혼자 조용히 있고 싶은 마음이 컸다. 누군가 이야기를 해도 귀 기울여 듣기가 힘들었다. 그러다 보니 과연 심리치료사 일을 계속할 수 있을지 하는 걱정이 앞섰다. 밤에 잠이 들면 악몽을 꾸었다. 이빨이 몽땅 빠지는 꿈을 몇 번이나 꿨고 여행을 갔는데 나만 산더미 같은 짐을 챙기느라 허둥거리다가 깬 적도 있었다.

심리치료 덕분에 나는 자신을 아끼고 배려하게 되었고, 상황을 악화시키기만 할 자책을 멈출 수 있었다. 우울증은 이 모든 상황이 자기 탓이라는 자기파괴적 생각과 행동을 동반한다. 그러나 우울증도 운명의 장난이다. 우울증을 그저 여러 불행한 우연이 겹치면서 일어난 사고일 뿐이라고 믿으면 자존감을 지킬 수 있고 자신감도 잃지 않을 수 있다. 하지만 우울증에 빠져 있을 때는 그렇게 생각하기가 좀처럼 쉽지 않다.

뭐니 뭐니 해도 가족이 제일 소중했다. 남편과 아이들은 아무리 힘들어도 삶은 계속된다는 안도감을 주었다. 엄마와 동생들, 올케와 제부들도 든든했다. 나를 사랑하고 믿어주는 그들이 없었다면 아마 수백 배는 더 힘들었을 것이다. 그런 상황은 정말 상상도 하기 싫다.

물론 남편은 무너진 나를 보고 큰 충격을 받았다. 내가 걱정스럽고 불안하기도 했을 것이고 때로 짜증도 나고 힘도 들었을 것이다. 내가 그동안 맡았던 엄마의 역할, 맞벌이 아내의 역할을 혼자서 다 감당해야 했으니 얼마나 고단했겠는가. 섹스는 제일 나중 문제였다. 남편에게도 정말로 힘든 시간이었을 것이다. 아침부터 불안에 떨며 엉엉 울어대는 아내를 보고 있자면 얼마나 괴롭고 막막했겠는가. 게다가 당시 나는 전적으로 남편에게 의지했다. 남편이 일상적인 일을 맡아주는 것은 말할 것도 없고 정서적으로도 버팀목이 되어주어야 했다. 자신도 앞으로 어찌될지 겁나고 막막할 텐데 내게 끊임없이 희망과 확신을 심어주어야 했다.

가끔씩 나는 이러다 남편마저 어떻게 되는 건 아닌지 더럭 겁이 났다. 그런 상황에서 믿음직한 모습으로 책임을 다하며 나를 사랑해준 남편에게 무한의 감사를 느낀다. 결혼식에서 모든 부부는 힘들고 어려워도 함께하겠다는 맹세를 하지만 실제로 그 맹세를 지켜내는 건 쉬운 일이 아니다. 나의 우울증은 12일이 아니라 12개월을 갔다. 나를 살린 것은 나의 심각한 상태를 인정하고 나를 대신해 희망의 다리를 계속 이어나간 사람들이었다. 그들이 나를 대신하여 나을 것이라는 믿음, 다시 돌아올 것이며 예전으로 돌아갈 수 있을 것이라는 믿음을 꿋꿋이 지켜주었다.

이 엄청난 몸과 마음의 충격이 오래오래 흔적을 남길 것이라는 예상은 나도 충분히 할 수 있었다. 그래도 느리게나마 상태는 꾸준히 좋아졌다. 입원 여부를 두고 계속 고민을 했다. 결단을 내릴 수가 없었다. 혼자 거기까지 가는 것도 엄두가 안 났지만 가족과 떨어져 지낼 생각을 하니 앞이 캄캄했다. 넉 달이 지나고 마음이 조금 안정되자 입원 치료를 한번 받아보는 게 좋겠다는 생각이 커졌고 결국 나는 입원을 하기로 결정했다. 나는 인터넷 사이트를 뒤져 병원을 찾기 시작했다.

처음에는 결심이 굳건했는데 시간이 갈수록 마음이 복잡해졌다. 내가 병원에 입원을 하게 되리라고는 상상도 하지 못했다. 잘하는 짓일까? 긴장이 되고 마음이 불안했다. 그래도 편히 쉬면서 성찰의 시간을 가지면 훨씬 좋아질 것이라고 기대했다. 남편의 입장에서도 쉬운 결정은 아니었다. 베이비시터가 있다고 해도 내가 집에 없으면 훨씬 일도 늘고 책임도 많아질 것이다. 내가 집에 있을 때도 달리 도리가 없어서 남편이 며칠 직장에 병가를 낸 적이 있었다. 입원 결정을 알리면 사람들은 물었다.

"아이들한텐 뭐라고 할 거야?"

"엄마가 병원에 입원하면 아이들은 어떻게 해?"

남편과 나는 그 문제를 두고 의논을 많이 했다. 안 그래도 막내가 세 살이고 큰 애가 열세 살이었던 당시 우리 아이들이 엄마의 심리적 위기를 어떻게 받아들일까 하는 고민과 걱정이 많았다. 아이들이 엄마를 믿지 못하고 오히려 뒤치다꺼리를 해줘야 하는 아기로 생각하게 될까 봐 그게 제일 큰 걱정이었다. 아이들 앞에서는 울지 않으려고 애를 썼지만 눈물을 숨길 수 없었고, 내가 말하지 않아도 아이들은 내 기분을 느낄 것이다.

아이들은 부모의 마음을 본능적으로 '읽을' 수 있다. 그래서 부모가 억지로 기분이 좋은 척하면 오히려 더 헷갈려한다. 고통스럽더라도 진짜 기분이 웃고 있는 가짜 기분보다 훨씬 낫다. 처음에는 아이들에게 불안한 내 모습을 들키지 않으려고 애썼지만 얼마 가지 않아 그것이 더 좋지 않겠다는 깨달음이 들었다. 부모가 아무리 애를 쓴다 해도 아이들의 슬픔과 고통과 불안을 다 막아줄 수는 없다. 위기를 겪으며 나 역시 가장 가까운 사람들에게는 솔직하게 터놓고 이야기하는 것이 더 낫다는 경험을 했다.

심지어 지금은 어린 시절에 겪었던 인생의 쓴맛이 오히려 소중한 경험일 수 있겠다는 생각을 한다. 어린 시절 느꼈던 고통스러운 감정, 온 가족이 힘을 모아 질병과 불행을 이겨낸 기억은 훗날 어른이 되어 인생의 바다를 슬기롭게 헤쳐 나갈 나침반이 된다. 그런 경험을 통해 슬픔과 걱정과 불안을 인생의 일부로 받아들이면 '부정적 감정'도 무시하거나 억지로 숨기려 하지 않을 것이다.

우리 아이들 역시 나의 우울증으로 인해 그런 감정들을 느꼈고, 그것을 억지로 숨길 필요 없이 당당히 느끼고 인지하고 말해도 된다는 경험을 했다. 아이들은 연신 나를 꼭 안아주며 위로했고 그럼 나는 감동에 겨워 울었지만 그러다가도 언제 그렇게 다정했냐는 듯 자기들끼리 치고받고 싸웠다. 나는 그 모습에 오히려 안도했다. 정상적인 일상이 계속되고, 우리 아이들이 아이다울 권리를 마음껏 누리고 있다는 생각이 들었기 때문이다. 아이들은 부모를 책임져야 할 존재가 아니다.

나는 아이들에게 각자의 나이에 맞게 설명을 했다. 엄마가 탈진병에 걸려서 몇 달 동안 아플 것이라고, 하지만 꼭 다시 회복될 것이라고 아이들에게 말했다. 엄마가 병 때문에 기분이 울적하고 많이 피곤하고 금방 지친다고, 병 때문에 머리의 신경 세포들이 뒤죽박죽되어서 몸도 아프고 마음도 아프다고. 당분간 건강을 돌봐야 하기 때문에 일하러 못 가지만 엄마는 금방 괜찮아질 것이라 믿는다고. 혹시 엄마가 울더라도 너희들 때문에 그런 것이 아니라 병 때문에 걱정이 많아져서 그런 것이니 걱정하지 말라고. 엄마는 빨리 낫기 위해 최선을 다할 것이라고. 이 병을 잘 아는 의사 선생님도 찾아뵙고 약도 꼬박꼬박 먹을 것이라고.

아이들은 연신 이런저런 질문을 던졌고 나는 최대한 솔직하게 대답해주었다. 그런 대화가 늘 쉬웠던 것은 아니지만 그래야 아이들이 혼자 불안에 떨지 않고 제멋대로 암울한 상상을 하지 않을 것이라고 생각했다. 남편의 역할도 컸다. 아빠가 평소와 다름없이 곁을 지키며 자신들과 많은 시간을 함께 보내고 언제라도 대화에 응했기에 아이들은 안심할 수 있었다. 우리 못지않게 거리낌 없는 태도로 아이들과 이런 이야기를 나누어준 다른 어른들, 할아버지, 할머니, 친척, 내 친구들도 너무나 소중했다. 심리질환을 앓는 부모를 둔 아이들에겐 이런 어른들이 꼭 필요하다. 그러나 안타깝게도 아직 서투르고 불안해서 아이들과는 정말로 중요한 인생 문제들을 이야기하지 못하는 어른들이 너무 많다. 슬픈 일이다.

얼마 전에 우리 딸이 남동생 입학식이 가까워오자 내게 이렇게 말했다. "엄마가 내 입학식에는 못 와서 정말 슬펐어." 나는 딸아이를 꼭 안아주며 나도 안다고, 나도 너무너무 슬펐다고 말했다. 우리는 끌어안고 울었고 둘이서만 멋진 하루를 보내며 많이 웃었다.

가족에게 슬픈 감정도 털어놓을 수 있는 우리 아이들이 고맙기 그지없다. 덕분에 나는 아이들과 끈끈하게 이어져 있으며 아이들이 나를 전폭적으로 신뢰한다고 느낄 수 있다. 우리 아이들이 나중에 커서도 지금처럼 허심탄회하게 자신들의 이야기를 해준다면 정말 좋겠다. 그래야 어려운 시간이 닥쳐도 혼자 끙끙대지 않고 힘을 모아 이겨나갈 수 있을 테니까 말이다.

심리치료사가 우울증에 걸리다니

환자를 치료해야 할 심리치료사가 아파서 병원에 가다니, 기분이 이상했다. 역할이 바뀌자 마음이 복잡했고, 심리질환이라면 모르는 것이 없어야 할 심리치료사가 우울증에 걸리다니 부끄럽다는 생각이 머리를 떠나지 않았다. 말도 안 되는 생각이라는 것을 잘 알면서도, 자꾸만 이러고도 내가 심리치료사인지, 전문 지식을 갖추고도 병을 예방하지 못한 자신이 부끄럽지 않은지 되물었다. 그러나 다른 한편으로 심리치료사도 그런 질병에 안전하지 않다는 사실이 중요하다고 생각했다. 사실 그 누구도 안전하지 않다. 종양내과 의사도 암에 걸리고 심장전문의도 심근경색에 걸린다. 심리치료사도 우울증을 앓을 수 있다.

아무리 그래도 동료들 보기가 부끄러웠다. 심리치료사는

벼랑 끝 바위처럼 어떤 일에도 흔들리지 않고 꿋꿋해야 하거늘 오히려 자기가 병이 들어 위태위태하다니 말이 되겠는가. 그러나 거꾸로 생각하면 바로 그렇기 때문에 심리치료사는 더욱 자신의 상태를 주시해야 하며, 혹시라도 위기가 찾아오거든 스스로 활동을 접을 줄도 알아야 한다. 심리치료사, 의사, 교사는 심리적 부담이 특히 큰 직업군이다. 하지만 일상에 허덕이느라 자신의 상태와 변화를 미처 감지하지 못한다. 어느 날 와르르 무너지는 순간까지 몇 달, 몇 년을 그저 이를 악물고 참고 견디기만 하는 것이다.

나는 시골의 한 병원을 선택했다. 분위기가 소박했고 시골스러웠다. 한 번도 들어본 적 없는 병원이었지만 원래 나는 새로운 장소의 탐색을 좋아하는 사람이다. 중요한 건 장소가 아니라 거기서 만날 사람이고, 어떤 사람을 만나게 될지는 가보기 전에는 알 수 없는 법이다. 내가 나쁜 교사라면 최고의 학교가 무슨 소용일 것이며, 내가 좋은 교사라면 나쁜 소문이 도는 학교라 한들 무슨 상관이 있겠는가. 어디로 가건 그건 중요하지 않다고 생각했다. 지금껏 그랬듯 앞을 보며 결정을 내리면 될 것이고, 그 결정의 장단점은 나중에 뒤를 돌아볼 때나 판단할 수 있을 것이다. 어쨌든 내 직업은 두 갈래 길의 가능성을 제공했다. 좋으면 환자 역할에 매진하면 될 것이고 나쁘면 경험삼아 병원이 어땠는지, 의사들이 어땠는지 잘 살피면 될 것이라 생각했다. 심리치료사는 직업상 관찰과 성찰에 능하다. 입원을 경험의 기회로 여기며 스스로를 '다른 편으로 굴러떨어진' 딱한 사람 취급하지 않아도 된다고 생각하니 불안이 훨씬 덜했다.

다만 독방을 쓸 수 있는지는 철저히 따졌다. 안 그래도 힘든 판에 생전 처음 보는 사람과 같은 공간을 나눠 써야 한다면 너무 괴로울 것 같았다. 또 병원과 집의 거리도 따졌다. 거리가 멀수록 좋다고 생각했다. 반경 백 킬로미터 안에 있는 심리치료사는 다 내가 아는 사람들일 것이다. 대학에서 같이 공부했던 친구들이거나 심리치료사 교육을 같이 받은 동기들이거나 슈퍼비전과 학습치료에 같이 참여했던 사람들일 것이다. 상담실을 열고 나서도 정기 교육을 받을 때마다 많은 사람들을 만났다. 갑자기 그 사람들의 환자가 된다면 기분이 묘할 것 같았다.

물론 가족과 떨어지고 싶지는 않았다. 강림절 주간이 코앞이라 할 일도 많았다. 음식도 장만해야 하고 선물도 사야 하고 카드도 만들어야 하고 애들 노래 연습도 시켜야 했다. 하지만 곰곰이 생각해보다가 이때가 가장 적당한 시기라는 결론을 내렸다. 지난 13년 동안 며칠 이상 집을 비워본 일이 없었다. 그것도 회의나 연수에 가기 위해서였고 그마저 몇 년에 한 번꼴이었다. 마음은 복잡했지만 무엇보다 회복이 먼저였으므로 나는 결단을 내렸다.

11월의 어느 수요일, 친구가 나를 병원으로 데려다주었다. 혼자 가지 않아도 되었으므로 정말 친구가 고마웠다. 병원 안내를 받는 동안 연신 눈물을 닦으며 고개를 돌리는 내게 친구는 엄지를 치켜세우고 고개를 끄덕이며 용기를 주었다. "틀림없이 여기서 좋아질 거야." 얼른 가라는 나를 뿌리치고 기어이 병원 식당에서 같이 점심밥을 먹은 친구는 나를 차에 태워 근처 소도시로 나갔다. 그리고 방에서 이상한 냄새가 난다며 방향제를 사주었고 정신 건강에 도움이 된다며 예쁜 꽃도 한 다발 사주었다. 오후에 친구가 돌아가고 나서 보니 정성껏 쓴 편지와 달력, 수호천사 인형 하나가 방에 남아 있었다. 나는 인형을 협탁에 놓았다. 우리의 삶에는 꼭 있어야 할 자리에서 꼭 필요한 일을 해주는 사람이 있는 법이다.

밤이 되어도 잠을 못 잤다. 외로웠고 마음이 불안했다. 통 적응이 안 되어서 정을 붙일 수가 없었다. 아무래도 잘못 생각한 것 같았다. 면담 시간 의사가 던진 질문이 계속 귀에 맴돌았다. "술을 드시나요? '별로'라고 하셨는데 그 별로가 어느 정도의 양이죠? 이상한 소리가 들리나요? 내 생각이 내 것이 아닌 것 같은 기분이 듭니까? 자살 충동이 드나요?" 저녁의 문화행사에 참석해야 되냐는 내 질문에 의사는 예약을 하고 허락을 맡아야만 참석할 수 있다고 대답했다.

오후 열 시부터는 병원 문이 잠겼다. "가지고 있는 약은 다 주셔야 합니다." 씩씩한 간호사가 당부했다. 의사는 친절하고 호의적이었고, 그녀의 질문 역시 특이할 것이 없었다. 당연히 철저한 진단이 필요하고, 그러자면 질문이 필수적이다. 하지만 그런 질문을 듣고 있으려니 기분이 묘하고 낯설었다. 그런 질문을 들어야 한다는 것이 부끄러웠다. 새삼 자율을 잃어버리는 것이 가장 힘든 일일 것이라는 생각이 들었다. 과장 의사와 면담을 할 때는 무엇보다 퇴원 날짜 확정에 주력했다. 삼 주까지는 괜찮아도 그 이상은 안 된다고 못을 박았다. 입원은 위기 개입, 작전 타임 이상의 의미가 아니라고 생각했고 삼 주면 긴 시간도 아니었다. 날짜를 정하고 나자 그제야 마음이 놓이면서 적응이 되기 시작했다. 내가 원하면 언제든지 퇴원할 수 있다는 책임자의 말에 마음이 푹 놓였다. 이런 생각이 들었다. '이상도 하지. 이렇게 당연한 말을 다른 사람의 입으로 들어야 하다니.' 당연하던 내 자유는 어디로 가버린 것일까? 내가 생각하는 환자는 어째야 하는 것일까?

병원 직원들은 내 직업을 알고 있었다. 의사는 같은 환자들에게는 비밀에 부쳐달라고 부탁했다. 나도 여기서는 그냥 환자이고 싶었다. 괜히 다른 환자들이 알고서 병원치료가 어떠냐고 물어보면 곤란해질 수도 있었다. 그래서 같은 환자들한테서 직업이 뭐냐는 질문을 받으면 가정주부라고 대답했다. 진실은 아니었지만 그렇다고 거짓말도 아니었다. 전문가라고 말하지 않은 것은 나를 보호하기 위한 조치였다. 사실을 알면 의사들도 환자들도 내가 있는 자리에서는 말을 아낄 테니까 말이다.

전문적인 질문이 나오면 나는 모르는 척했다. 의사의 설명에 고개를 끄덕였고 질문을 받으면 어깨를 으쓱했고 무조건 다른 사람들의 말에 동의했다. 물론 입원치료 중에도 당당하게 심리치료사라고 밝히는 동료들도 있다. 선택은 각자의 몫이다. 사실 나 역시 앞으로 똑같은 일이 일어나도 전문가가 아닌 척할지 그건 잘 모르겠다. 중요한 부분을 숨기면 동료 환자들과 거리가 생길 수밖에 없다.

이상하리만치 사람들과 섞이고 싶지 않았다. 아마 계속해서 사람을 만나야 했던 내 직업 탓일 것이다. 사람을 만나는 일은 고단했고, 나는 의식적이든 무의식적이든 고단한 일을 피했다. 외로움을 견디며 혼자 지내는 연습을 했다. 무엇보다 적극적으로 치료에 임하고 동료 환자들과 어울리는 것이 너무 힘들었다. 어울리지 못하면 성공의 전망도 낮다. 여기 오기 전에는 기대가 컸다. 하루를 온전히 나에게 투자하여 책도 많이 읽고 글도 많이 쓸 수 있을 것이라 생각했다. 비슷한 일을 경험한 사람들과 만나 좋은 정보를 나눌 수도 있을 것이라 기대했다.

하지만 하루는 길었고 나는 많이 울었다. 시간은 도무지 갈 생각을 안 했다. 북적거리는 우리 집이 너무 그리웠다. 이제 살 만해진 건가? 제일 힘들 때 여기 혼자 있었다면 얼마나 비참했을까? 상상도 하고 싶지 않았다. 예전에 슈퍼비전 교육을 받을 때 경험 많은 여성 정신분석가 한 분이 몇 번이나 힘주어 강조한 적이 있었다. 어느 정도의 사회적 관계망만 있다면 입원치료보다는 주 세 시간의 통원치료가 훨씬 효과적이라고 말이다. 당시에는 고개를 꺄우뚱했는데 문득 이해가 되었고 용기 있는 판단이라는 생각이 들었다. 나 역시도 그게 최선이었을 것이다. 가족과 있었다면 훨씬 편했을 것이다. 굳이 나를 설명하거나 소개하지 않아도 되는 곳, 아무 말 하지 않고 그냥 있을 수 있는 곳. 일상의 역할을 던져버릴 수 있었던 곳,

누군가 나를 위해 시간을 내어주던 곳.

물론 입원을 해서 효과를 본 사람들도 많다. 직업상 나는 그런 사람들을 많이 봤다. 인간은 각양각색이므로 가파른 인생의 고개를 넘는 방법도 다 다르다. 따라서 힘든 위기가 찾아왔을 때도 자유를 한껏 활용하여 무엇이 자신에게 가장 유익한지 직접 알아내야 한다. 아니다 싶으면 중단하면 그뿐이니까 제공되는 서비스는 최대한 이것저것 시험해보아야 한다. 중요한 것은 항상 내가 왜 이런 결정을 내렸는지 살펴서 감정에 휘둘려 서두르다가 후회할 일을 만들지 않는 것이다.

그래서 나는 이 입원치료의 시간에게도 기회를 주기로 했다. 입원의 경험을 심리치료를 더 자세히 아는 기회로 활용하기로 마음먹었다. 특히 비언어적 예술치료가 흥미로웠다. 말을 주고받는 치료는 나도 잘 알고 직접 활용하기도 했다. 하지만 그림이나 음악치료는 접하지 않은 지 꽤 오래되었다. 잠시 일상을 벗어나 나에게만 집중할 수 있는 것도 입원치료가 선사한 특별한 경험이었다.

"필연은 우연의 옷을 입고 나타난다."

일과는 아침 일곱 시 삼십 분에 시작되었다. 간호사가 우리를 깨우고, 뒤를 따라온 청소부 아줌마가 방을 홀랑 뒤집어 놓았다. 매일 밤 자리에 들면서 알람을 일곱 시에 맞췄지만 한 번도 그 시간에 일어나지 못했다. 처음에 식당에서 말이 많은 사람들 옆에 앉았다가 물어보지도 않았는데 끔찍한 가족 드라마를 억지로 듣게 된 이후 나는 물어보는 말에만 대답하는 환자들 곁으로 자리를 옮겼다. 그런 사람들이 대부분이었다. 나 역시 아무것도 묻지 않았다.

특별한 일정이 없으면 아침을 먹고 병원을 나가 근처 호텔에서 카푸치노 한 잔을 마셨다. 호텔에는 수영장도 있어서 병원의 공동 샤워장이 싫었던 나는 그 수영장을 자주 이용했다. 갈 때마다 나 혼자뿐이어서 정말 호사를 누리는 기분이었다.

목욕 가방 안에 시집이 한 권 들어 있었다. 오며 가며 시간 날 때 읽기에 그저 그만이었다. 시를 읽은 적이 언제였을까? 대부분의 시가 좋았고 겨울을 주제로 묶은 시집이어서 계절과도 잘 어울렸다. 그중에서도 아이헨도르프의 〈겨울밤〉이 제일 내 기분을 닮은 것 같았다. "온 세상은 눈에 덮였고 좋을 일이 없다. 들판의 나무는 잎을 다 떨어뜨리고서 외로이 서 있다." 가슴이 찌릿 아픈 이런 식의 우수가 나는 언제나 좋았다. 시의 마지막 연은 샘물이 속삭이고 꽃이 새 옷을 갈아입는 다가올 봄을 고대한다는 내용이었다. 내게도 새 꽃 옷을 입을 봄이 돌아올 것이라고 나는 기대했다. 울적한 마음 한 켠에는 어딘가에서 멈춰버린 삶의 기쁨을 되찾고 싶다는 바람이 늘 자리하고 있었으니까.

비언어 치료법은 특히 효과가 좋았다. 음악치료나 미술치료는 새로운 경험이었다. 예를 들어 '북 치료' 시간의 경우 스무 개의 북과 리듬 악기가 진열되어 있어서 마음대로 하나를 골라 치면 되었다.

북을 칠까? 트라이앵글을 칠까? 어느 악기가 쉬울까? 고르는 순서부터가 즐거웠다. 나는 내가 가능성이 많은 악기를 좋아한다는 사실을 깨달았다. 낼 수 있는 소리가 다양하고 연주 기법이 다채로운 악기를 찾다가 북이 두 개 붙은 팀파니를 선택했다. 한 번도 만져본 적 없었지만 쳐보고 싶다는 호기심이 생겼다. 나는 나무 막대기 두 개를 고른 옆 환자를 유심히 쳐다보았다. 연달아 쳐도 틱틱 소리밖에 나지 않았다. 나 같으면 금세 따분할 것 같았는데 의외로 그는 제한된 가능성이 아주 만족스러운 모양이었다. 저렇게 한정된 가능성에 저렇게 만족할 수 있다니 참 놀라웠다. 새삼 실마리를 찾은 기분이었다.

그렇다. 나는 가능성과 다채로움을 좋아하는 사람이다. 안정과 편안함보다 소란과 활력을 더 즐기는 사람이며 제약과 한계를 못 견디는 사람이다. 타고난 성격이 그럴 것이고 아마 그 탓에 탈진의 위험이 남들보다 더 컸을 것이다. 수업이 끝나고 심리치료사가 물었다. "즐거워 보이시던데 정말 즐거우셨나요?" 예전처럼 힘이 돌아온 것 같았기에 나는 그렇다고 대답했다. 그러나 다음 시간에는 반대로 정적인 악기를 연주해보고 싶었다. 흥분하지 않고 마음을 가라앉힐 수 있는 악기, 명상의 요소를 담은 악기 말이다.

명상과 사색은 병원의 정원에서도 가능했다. 생긴 지 오래되었고 크기도 작았지만 그곳을 거닐면 마음이 편하고 머리가 맑아졌다. 어느 날에는 오른쪽으로, 또 어느 날에는 왼쪽으로 돌았다. 나는 원래 산책을 좋아했는데 대학시절 친했던 친구는 그런 나를 의아해했다. 포도주 농장 딸이었던 그 친구는 볼일도 없는데 왜 여기저기 걸어 다니느냐고 나한테 물어봤었다. 그래서 그 시절엔 산책을 혼자 할 수밖에 없었다. 하지만 병원 정원에서는 오히려 혼자라서 좋았다.

오랜만에 미사에도 참석했다. 성당에 가니 어린 시절 기억이 되살아났다. 그 시절엔 분위기가 좋아서 성당에 자주 갔는데 한동안 발길을 끊고 살았다. 강림절 첫 미사 때엔 가슴이 따뜻했고 찬송가를 부르다 울컥해서 몇 번 노래를 멈추기도 했다. 노래를 부르는 것만으로도 가슴이 뭉클했다. 다른 사람들과 함께 노래를 부를 수 있다는 것만으로도 미사는 참석할 가치가 있는 것 같았다.

텃밭 가꾸기도 치료 프로그램 중 하나였다. 나는 일부러 장갑을 끼지 않았다. 손에 흙을 묻힌 것이 정말 오랜만이었다. 한 시간 반 동안 일을 했더니 손이 더럽고 차가웠다. 하지만 평소처럼 자판을 두드리거나 운전대를 잡는 것 말고도 다른 일을 할 수 있어서 기분이 좋았다. 허브 밭엔 레몬밤과 타임 냄새가 향기로웠다. 그림 치료 시간에는 '소진'이라는 독창적이지만 전혀 나와 상관없지는 않은 제목을 붙여 멋진 그림을 그렸다. 학창 시절에는 그림을 자주 그렸는데, 그때 사귀던 남자애가 그림 소질이 대단한 아이였다. 미술 선생님이 더 가르칠 것이 없다고 칭찬을 했을 정도였다. 그래서 나도 모르게 그림을 손에서 놓았던 것 같다.

지난밤의 꿈을 떠올리는 시간도 재발견이었다. 그동안은
꿈꿀 시간조차 없었다. 밤이면 최소 두 녀석이 침대로 기어
올라왔고 아침에도 아이들이 먼저 방으로 들어와 잠을 깨웠
다. 그러기를 벌써 십여 년이었다. 지난 십이 년 동안 푹 잔
적이 손에 꼽을 정도였다. 절대 과장이 아니다. 낮에 집을 비
우니까 밤에 부족했던 사랑을 채워줘야 한다고 생각했다. 아
이들이 옆에 있어서 좋을 때도 많았다. 아이들의 다리와 작은
머리, 아이들만이 낼 수 있는 규칙적인 코고는 소리, 아이들
특유의 체취는 더 말할 것도 없이 좋았다. 하지만 밤은 항상
너무 짧았고 잠은 늘 부족했다.

뭐니 뭐니 해도 지난 세월 동안 파묻혀 있던 많은 것들을
재발견할 수 있어서 제일 좋았다. 정말 그동안 많은 것을 '파
묻고' 살았다. 시간이 없어서, 시간이 모자라서, 시간이 촉박
해서…… 그중에서도 음악이 가장 값졌다. 우리 아이들은 기
타를 치며 노래를 부르는 엄마를 본 적이 없다. 친구들과 모
닥불을 피워놓고 노래를 부르던 시절이 있었다. 왜 이제는 노
래하지 않을까? 아이들과 함께 그런 시간을 보내면 될 텐데.
그간 내가 얼마나 폭 좁게 살았는지 새삼 절감이 되었다. 달
리 어쩔 도리가 없었던 거야. 이렇게 자위를 했다. 그 말이 옳

을지도 모른다. 하지만 이제 새로운 단계가 시작되었다. 아이들은 젖먹이가 아니고 커리어도 웬만큼 탄탄했다. 이제는 행동반경을 다시 넓혀야 할 때다. 내가 하필 지금 이 시점에 무너진 것도 결코 우연은 아닌 것이다.

　나는 환자들에게 심리치료는 고고학 발굴 작업과 비슷하다고 말한다. 기초 벽을 찾아내고 건축 구조의 내적 논리를 밝히고 찾아낸 조각들을 찬찬히 짜 맞춘다. 귀한 보물과 도구가 발견되기도 하지만 무덤이나 파편이 나올 때도 있다. 파보기 전에는 무엇이 나올지 절대 알 수 없다. 심리치료사의 일은 정신을 바짝 차리고 발굴된 물건을 세세한 부분까지 관심 있게 살펴서 퍼즐조각을 맞추는 것이다. 나의 위기는 이제 나 자신의 발굴지에서 발굴 작업을 시작해보라는 외침이었다. 고고학 발굴은 오랜 시간을 요한다. 시간을 두고 끈기 있게 작업을 진행하지 않으면 찾을 수 있었을 것들도 그대로 다시 묻히게 된다. 나는 병원에서 매일 그런 유물들을 만났다. 어떻게 생각하면 아직 거기 있다는 사실이, 비록 먼지를 가득 뒤집어쓰긴 했지만 그 오랜 세월을 버티고 살아남았다는 사실이 그저 신기하고 기특했다. 심리치료사는 많은 시간을 자신의 발굴지에서 보내야 한다. 그 경험이 타인의 발굴을 도울 때 큰 도움이 된다.

밤에는 여덟 시면 책을 들고 잠자리에 들었다. 다시 책을 읽을 수 있게 되어 얼마나 다행인지 몰랐다. 글자가 의미를 되찾았고 나는 다시 이야기의 바다에 푹 빠질 수 있었다. 하지만 일부러 큰 글자 책을 샀다. 집중력도 떨어진데다 시력도 많이 나빠진 것 같았다. 가까운 안경점에 가서 시력을 재봤더니 양쪽 다 0.0디옵터가 나왔다. 젊은 판매원이 기계를 툭툭 치며 말했다. "이런 경우는 처음인데요." 주관적 인지와 객관적 능력이 따로 노는 이런 상태가 한동안 계속될 것 같았다. 심장학을 통해 이미 알고 있던 사실이었다. 어찌 보면 그 편이 더 안심이었다. 의학적으로는 문제가 없다니 좋아해야 할 일이 아닌가. 사람들은 신체적 이상이 있다는 진단을 받기 위해 이 병원 저 병원을 전전한다. 얼른 진단을 받아야 치료를 받을 수 있고 나을 수도 있다고 생각한다. 그러나 심리는 그렇게 간단치가 않다. 심리는 무질서하고 주관적이며 이해하기 힘든 녀석이다.

사랑하는 이들이 있는 곳이 그리웠다. 집을 떠나봐야 집보다 더 좋은 곳이 없다는 사실을 절감하는 법이다. 여행을 하는 이유도 어쩌면 집의 소중함을 알기 위해서인지 모른다. 그래서 나는 채 삼 주를 못 넘기고 다시 가족의 품으로 돌아왔다. 그럼에도 일상에서 벗어나 나 자신과 나의 삶을 고민할 수 있었던 시간은 무척 유익했고 소중했다.

내 삶에 어떤 변화가 필요할지 많이 생각했다. 탈진은 내게 이대로는 안 된다고 말했다. 가장 일반적인 대처법은 일을 줄이고 혼자만의 시간을 많이 갖고 운동을 규칙적으로 하고 가족과 시간을 많이 보내는 것이다. 나도 노력하기로 마음먹었다. 안정을 되찾고 다시 예전으로 돌아갈 수 있을 때까지 최선을 다하자고 다짐했다.

그럼에도 삶은 제 갈 길을 간다

온 미래를 바꾸어놓을 만큼 큰 병을 앓기에는 서른여섯 살은 너무 젊었다. 아이들은 아직 어려서 엄마의 손길이 필요한 나이고, 오랜 시간 공부하여 제대로 된 직업을 찾았지만 아직 커리어가 안정된 것도 아니었다. 내가 상상한 미래는 전혀 다른 모습이었다. 이렇게 무기력할 것이라고는 꿈에도 생각지 못했다.

다 쓸데없는 짓이란 것을 누구보다 잘 알았지만 나는 자꾸만 자신에게 물었다. 이렇게 아플 걸 알았다면 다르게 살았을까? 그렇게 오랫동안 힘들게 공부를 했을까? 대출을 받아 집을 샀을까? 살아보겠다고 그렇게 안간힘을 썼을까? 그 모든 것이 아름다운 미래를 위한 것이었는데 이제 그 미래가 의심스러웠다. 삶이 이렇듯 하루아침에 바뀔 것이라고 누가 상상이나 했겠는가? 병이 십 년이나 이십 년 후에 찾아왔더라면 얼마나 좋았을까. 그럼 아이들도 다 컸을 테고 정서적으로나 경제적으로 나한테 많이 의지하지 않을 것이다. 그래도 우울증이 찾아오기 전에는 삶이 풍요로웠고 늘 선물을 받은 기분이었으니 그것만 해도 큰 행운이 아닐 수 없었다. 미래를 내다볼 수 없어 얼마나 다행인지 몰랐다. 하지만 가끔은 내게 이런 시련을 안겨준 장본인이 바로 그 풍요로운 삶이었다는 생각에 괴로웠다.

우울증을 앓던 시절 재미있게도 견진성사 때 받은 경구를 다시 들었다. 견진성사를 받은 때가 열네 살이었는데 그 이후 한 번도 떠올려본 적 없었던 성경구절이었다. 재미있게도 이 성경구절은 당시 내가 직접 고른 것이었다. 그런데 상담 중 의사한테서 이런 말을 들었다. "구약성서에도 쓰여 있잖아요, 하늘 아래 모든 것은 다 제때가 있다고." 잘 알지도 못하는 의사의 입에서 오래전 내가 인생의 동반자로 선택했던 글귀를 들으니 반가우면서도 기분이 야릇했다. 성경에 적힌 그 구절은 이렇다.

"범사에 기한이 있고 천하만사가 다 때가 있나니, 날 때가 있고 죽을 때가 있으며 심을 때가 있고 심은 것을 뽑을 때가 있으며 죽일 때가 있고 치료할 때가 있으며 헐 때가 있고 세울 때가 있으며 울 때가 있고 웃을 때가 있으며 슬퍼할 때가 있고 춤출 때가 있으며 돌을 던져버릴 때가 있고 돌을 거둘 때가 있으며 안을 때가 있고 안는 일을 멀리할 때가 있으며 찾을 때가 있고 잃을 때가 있으며 지킬 때가 있고 버릴 때가 있으며 찢을 때가 있고 꿰맬 때가 있으며 잠잠할 때가 있고 말할 때가 있으며 사랑할 때가 있고 미워할 때가 있으며 전쟁할 때가 있고 평화할 때가 있느니라. 일하는 자가 그의 수고로 말미암아 무슨 이익이 있으랴."(전도서 3장)

이 구절이 전하고자 하는 것은 평생 행복하고 평생 성공하는 인생은 없다는 진실이다. 음지도, 어둠도 삶의 일부이다. 박자와 시간을 정하는 것은 삶 그 자체다. 우리의 노력이 할 수 있는 일은 그리 많지 않다.

다른 관점에서도 시간은 매우 중요한 경험이었다. 급성 에피소드는 약 칠 개월 동안 계속되었다. 퇴원 후의 시간은 다시 많은 것을 할 수는 있었지만 금세 힘이 빠져버리는 회복기였다. 육 개월 이상 걸렸던 이 시기엔 하루의 기분을 예측할 수 없다는 것이 참 힘들었다. 온 세상이 깜깜해지고 더는 이렇게 살 수 없다는 절망감이 밀려들다가도 몇 시간 후 다시 기분이 개면서 예전으로 돌아갈 수 있을 것 같았다. 다행히 실제로 위험했던 순간은 없었지만 나는 정말로 못 참겠거든 안 참아도 된다며 자신을 연신 다독였다. 그러면서도 무한히 삶에 집착했다. 더 이상 원하는 삶을 살 수 없을지도 모른다는 불안이 제일 컸다.

나는 길게 생각하지 않으려고 노력했다. 오직 하루하루를 잘 버티는 것이 유일한 목표였다. 잠을 못 자도 절망하지 말고 몸이 아프고 마음이 불안해도 포기하지 않는 것이 내가 할 수 있는 전부였다. 지금 이 순간에 충실하고 우울증도 언젠가는 달라질 것이라 믿는 것이 제일 급선무였다. 하루를 무사히 보내고 나면 구원을 받은 기분이었다. 우울증이 지나갈 때까지 기다리는 것이 내가 해야 할 숙제였다. 속을 끓이고 안달복달해봤자 시간을 앞당길 수 없으니 안개가 걷히는 날까지 끈기 있게 기다려야 했다. 기댈 곳은 오직 확신뿐이었다. 몇 주가, 몇 달이 걸릴지 몰라도 언젠가는 반드시 좋아질 것이라는 믿음뿐이었다. 하루하루가 시험대인데 벌써 몇 달째 곁을 떠나지 않고 앞으로도 몇 달을 더 갈지 모를 절망과 화해할 수 있을까? 어쩌다 하루는 화해를 하더라도 다음 날이면 또 왜 하필 내가 이런 시련을 겪어야 하는지 분하고 실망스러웠다.

잠자는 숲속의 공주가 부러웠다. 백 년 동안 자고 일어나면 다 지나갔을 테니까. 살면서 한 번도 지금처럼 아무것도 못할 것 같고 도저히 못 참을 것 같은 이런 기분을 느껴본 적이 없었다. 많은 사람들이 약을 털어 넣고 술을 마시고, 최악의 경우 자살을 시도하는 것도 아마 이런 백 년의 잠을 원하기 때문일 것이다. 하지만 삶이 완전히 끝나버린다면 삶을 다시 회복시킬 수 있는 기회도 사라진다. 나는 늘 그 말을 명심했고 참고 견딘 보람이 있는 멋진 미래가 곧 찾아오기를 진심으로 바랐다.

그러나 이런 기다림은 남에게 자랑할 수 있는 업적이 아니다. 하루하루를 견디는 것 말고는 할 수 있는 것이 없었다. 일을 할 수도 집안일을 할 수도 모임에 참석할 수도 없었지만 살면서 이렇게 힘든 적이 없었다고 느낄 만큼 하루하루가 더디고 고단했다. 나는 하릴없이 참고 견디는 자신을 무시하지 않기 위해, 그런 자신을 많이 존중하고 크게 칭찬하기 위해 무진 노력했다. 우울증을 참고 견디며 주변 사람들에게 언제가 될지 몰라도 좋아질 때까지 버티겠노라는 확신을 주는 것만도 더할 나위 없는 성공이라고 믿으면서 말이다. 도저히 못 참을 것 같다고 느끼면 말하기로 남편과 약속했다. 그렇게 말할 수 있는 사람이 곁에 있어서 정말 도움이 많이 되었다고 생각한다.

내 마음대로 할 수 있는 것이 하나도 없다는 것 역시 너무 힘들었다. 견디기 힘든 상태를 내 뜻대로 바꿀 수가 없었다. 지금껏 나는 그런 사람이 아니었다. 항상 적극적으로 삶을 만들어나가는 사람이었다. 그런 의지와 능력이 처참하게 무너졌고 나는 더 이상 나아갈 수 없는 한계에 봉착했다. 삶의 한계, 힘의 한계, 그리고 그것을 인정할 수밖에 없는 슬픔이 찾아왔다.

사람들은 이런 상태를 이해하지 못했다. 운동을 하라고, 아침에 일찍 일어나라고 충고하는 사람에게 왜 그렇게 할 수 없는지 이유를 설명하기 힘들었다. 뇌와 몸의 연결이 끊어졌다. 몸은 제멋대로 비틀거렸고 예전처럼 이를 악물고 힘을 끌어모으던 능력은 종적을 감추어버렸다. 진짜 증상이 심했던 몇 주 동안은 기차도 탈 수 없었고, 생일 파티에 참석할 수도 없었다.

도저히 뛰어넘을 수 없는 한계에 도달했다는 느낌, 때가 될 때까지 기다리고 버티는 수밖에 달리 어쩔 도리가 없다는 무력감이 참으로 견디기 힘들었다. 상담 일정을 딱딱 지켰고 약을 꼬박꼬박 먹었고 될 수 있는 대로 집 밖으로 나가려고 노력했지만 자욱한 머릿속 안개와 언제 무너질지 모른다는 불안, 내가 아닌 것 같은 기분은 떨칠 수가 없었다.

평생 시간은 소중한 자산이었다. 몇 달 동안 일을 못한다는 생각은 한 번도 해본 적이 없었다. 그러나 내가 일을 못할 상태가 되었어도 세상은 무너지지 않았고 삶은 제 갈 길을 잘도 걸어갔다. 정말 아무 일도 없었다는 듯 온 세상이 잘도 돌아갔다. 내가 너무 잘난 척했다는 생각이 들었다. 삶은 제 계획이 있고 우리는 그저 큰 바다를 채우는 작은 물방울에 불과하다.

그러나 이런 한계를 만난 이가 나 혼자인 것은 아니다. 내가 처음인 것도 마지막인 것도 아니다. 누구나 어느 날 갑자기 병이 들거나 사고를 당하거나 재산을 잃어 상상조차 못하던 상황에 처할 수 있다. 따라서 나는 비슷한 경험을 한 사람들의 인생사에도 관심을 가졌다. 비슷한 길을 걷는 사람들과 운명의 공동체가 된 기분이었다.

내일을 생각할 수 없다는 것이 가장 괴로웠다. 다시 예전처럼 즐겁고 행복할 수 있을 것이라는 상상이 잘 되지 않았다.

이런 확신이 사라지는 것이 우울증의 본질이다. 확신을 몰아내고 그 자리에 날것의 공포가 들어선다. 주변 사람들의 입장에서도 환자를 대신해 이런 공포를 견디며 끝까지 희망을 잃지 않는 것이 가장 힘든 숙제이다.

시간에 관해서라면 입원 생활은 좋은 점도 있었다. 밤 열시면 잠자리에 들었고 일곱 시면 일어나서 밥을 먹었고 정해진 시간에 휴식을 취하였다. 똑같은 시간에 자고 똑같은 시간에 기상하며 또박또박 세끼를 먹으니까 은퇴한 할머니가 된 기분이었지만 그래도 안정감이 생겼다. 마음 저 아래에서 뭔가 다시 시작할 수도 있을 것만 같은 의욕이 꿈틀거리는 기분이었다.

그리고 실제로 오랜 기다림 끝에 그 시간이 찾아왔다. 안개가 걷히고 예전의 감정이 돌아온 것 같은 느낌이 들었다. 물론 완전히 예전과 똑같지는 않았다. 그러기에는 우울증이 너무 끈질기고 너무 심각했다. 그래도 삶의 끈을 다시 이어갈 수 있을 것 같은 기분, 다시 용기를 내서 앞을 쳐다볼 수 있을 것 같은 기분이 들었다.

우울증의 경험은 다모클레스의 칼처럼 내 머리 위에 걸려 있었다. 삶이 얼마나 참담하게 느껴질 수 있는지 나는 절감했고, 그러다 보니 또 한번 그 나락으로 떨어질 수도 있다는 두

려움이 컸다. 우울증은 내게서 순진했던 시간과 천하무적의
자신감을 앗아가버렸다.

지금까지의 기준을 버리고 아무것도 아닌 일도 가치

있다고 믿으며 진정한 성공으로 봐줄 줄 알아야 한다.

과거의 잣대로 자신을 들볶지 말고 아주 작은 성공도

인정할 줄 아는 자세, 그것이야말로 우울증을 이길 수

있는 가장 중요한 조건이다.

번아웃과
우울증에 관하여

사회적으로 거부감이 적은 번아웃

일상에선 번아웃과 우울증이 흔히 동의어로 쓰이지만 의학 진단상으로는 명확한 차이가 있다. 의학에선 번아웃을 우울 질환의 전 단계로 볼 수 있을 탈진 상태로 정의한다. 번아웃 이라는 말은 1974년 독일 태생의 미국 정신분석학자 헤르베 르트 프로이덴베르거(Herbert Freudenberger)가 처음 사용하였 고, 점점 더 많은 사람들이 한계에 이를 때까지 자신을 소진 시키는 현실 탓에 지금은 고정적 개념으로 자리 잡았다. 번아 웃은 보통 직업적 과부담 상황에 따른 소진 상태로 본다. 그 래서 당사자들도 우울증보다는 번아웃이라는 개념을 더 선호 한다. 일단 그 말이 번아웃에 걸리기 전에는 매우 적극적이고 능력이 있었다는 인상을 풍기기 때문이고, 그런 이유로 우울 증과 달리 정신질환의 낙인이 따라다니지 않기 때문이다. 이처럼 '번아웃'이라는 개념은 대부분의 사람들이 별 거부감 없이 입에 올리고, 듣는 상대 역시도 이해심을 보이며 사회적으로도 더 인정을 받는다. 반면 우울증은 정신질환과 동일시되어 매우 부정적인 인상을 풍기기 때문에 당사자는 물론이고 주변 사람들에게도 충격과 불안을 불러일으킨다.

번아웃과 우울증은 증상이 매우 흡사하지만 병의 심각성에선 분명한 차이가 있기 때문에 명확히 구분할 필요가 있다. 가벼운 우울 에피소드와 번아웃은 별 차이가 없지만 번아웃과 중증 우울증은 병의 심각성과 제약 면에서 매우 큰 차이를 보인다. 따라서 개념을 구분해서 사용하지 않으면 누가 봐도 명백한 임상 우울증을 예사로 넘길 위험이 발생한다. 증상, 기간, 심각성에 따라 일시적인 가벼운 증상은 번아웃으로, 증상이 심각하고 오래간다면 우울증으로 구분해야 한다. 우울증은 번아웃과 달리 특정한 외부 조건 때문에 발생하는 경우가 많고 핵심 증상으로는 울적한 기분, 의욕 상실, 무관심, 피로를 꼽을 수 있다. 이런 증상이 이 주 이상 지속될 경우 이미 가벼운 우울 에피소드로 볼 수 있고, 이 모든 증상의 수준이 심각한 데다 몇 달씩 계속되고 신체적 증상까지 추가된다면 중증 우울 에피소드로 보아야 한다. 우울증의 증상은 정서적 측면, 의욕적 측면, 인지적 측면, 신체적 측면에서 나타난다. 각 측면에 대해 조금 더 자세히 알아보기로 하자.

정서적 증상: 정서적 차원에서는 마음이 텅 빈 듯 허전하고 에너지가 고갈된 것 같고 의욕이 사라진다. 신경이 곤두서서 아무것도 아닌 일에도 예민하게 반응하고 공격적이 되며, 혼자 조용히 있고 싶은 마음이 강하다. 아무래도 같이 사는 배우자나 아이들이 가장 큰 피해자가 되기 쉬운데, 사사건건 트집을 잡고 별일 아닌 일에도 짜증을 부리고 걸핏하면 화를 내고 시비를 걸어서 집안 분위기가 엉망이 된다. 그러나 이럴 때 그러지 말라고 압박을 가하거나 무리한 요구를 하면 심리적 방어력이 무너져 더 예민하고 더 성마르게 굴곤 한다. 심하게 울적해하거나 자주 우는 것도 증상 중 하나이다. 하지만 정반대로 얼음장처럼 차가워져 아무 감정도 못 느끼는 경우도 있다. 그런 환자에게 어떠냐고 물어보면 무엇을 해도 즐겁지 않고 의욕이 없어서 그냥 기계적으로 움직인다고 대답한다. 이런 증상, 즉 웃음도 의욕도 사라진 상태는 우울증의 핵심 증상 중 하나이다. 불안과 공포를 동반하는 경우도 드물지 않다.

환자들 중에는 절대로 좋아지지 않을 것이라고 확신하는 사람들이 많다. 절망, 그리고 미래에 대한 불안과 걱정이 감정세계를 지배하기 때문이다.

의욕과 행동 증상: 의욕과 호기심, 열정이 감소한다. 휴가를 내도 기운이 없어서 다른 활동을 하지 못하고, 주말에도 잠만 자거나 드라마만 보고 있다. 안 그러면 도저히 다음 한 주를 버틸 수가 없다. 출근을 해서도 젖 먹던 힘까지 짜내야 겨우 업무를 처리할 수 있다. 예전에는 즐겁던 일도 전혀 즐겁지 않다. 무엇을 해도 억지로 노력을 해야 하고 세상만사가 다 힘들게 느껴진다. 운동을 하건 친구를 만나건 뭔가를 시도를 해보는 것이 좋다는 사실은 알고 있지만 아무리 애를 써도 그럴 에너지가 남아 있지 않다. 아침에 일어나는 것부터가 보통 힘든 일이 아니며 하루 종일 그저 누울 자리밖에 보이지 않는다. 하지만 거꾸로 한 시도 가만히 있지 못하는 경우도 많다. 그런 환자들에게 물어보면 마음이 불안해서 무엇을 해도 좌불안석이고 하루 내내 '비상사태'인 것 같다고 대답한다.

인지 증상: 증상이 심해지면 자아상이 심각하게 왜곡된다. 더 살 힘이 남아 있지 않은 것 같은 기분은 자존감을 갉아먹고

열등감을 부채질한다. 환자에게 물어보면 다 할 수 있는 척, 다 아는 척 거짓말하는 '사기꾼'이 된 기분이라고 말한다. 또 나쁜 일은 무조건 자기 탓으로 돌리기 때문에 자신이 못마땅하고 불만스럽다. 사랑받을 자격이 없는 인간, 남들에게 짐만 되는 인간이라는 생각이 자꾸만 든다.

번아웃과 우울증은 집중력과 능률 저하를 동반하기 때문에 정신적, 지적 능력이 눈에 띄게 나빠졌다는 기분이 든다. 기억력이 떨어지고 자꾸 한눈을 팔게 되며 복잡한 연관 관계를 파악하기 힘들기 때문에 쉽게 결정을 내릴 수가 없다. 몇 시간 동안 계속 같은 문제를 붙들고 머리를 싸매거나 결정을 못 내리고 걱정만 해대는 것도 증상 중 하나이다. 재앙의 시나리오를 떠올리고 절망에 빠지고 그럼 마음이 불안해지면서 더 세상이 암울해진다. 생각은 악순환의 롤러코스터를 탄다. 특히 잠 못 드는 밤이면 온갖 근심 걱정이 꼬리에 꼬리를 물고 이어진다.

신체 증상: 두통과 근육통이 잦고 머리가 멍하거나 어지럽다. 성욕도 식욕도 눈에 띄게 떨어진다. 단것과 커피를 엄청나게 먹고 마셔댄다면 그것 역시 탈진의 신호일 수 있다. 또 우울증은 대부분 수면 장애를 동반한다. 불면이 심각해서 만성 피

로를 달고 사는 경우가 많다. 몸이 힘들어 병원에 찾아가면 아무 이상이 없는데도 귀에선 이명이 들리고 가슴은 답답하고 심장이 벌렁거린다. 그래서 이 병원 저 병원을 전전하며 괴로움을 호소하지만 신체적으로는 아무 이상도 발견되지 않는다. 혈압도 정상이고 심전도 검사를 해도 이상이 없으며 두통과 근육통은 단순한 경직이라는 진단을 받는다.

물론 몸이 아프면 일단 병원을 찾아가서 정확한 원인규명을 해야 한다. 하지만 병원에 가서 검사를 해도 아무 이상이 없다면 용기를 내 정신과나 심리치료사를 찾아가야 한다. 아직도 정신과는 문턱이 높다. 산부인과나 신경과는 서슴없이 찾아가면서도 정신과에는 선뜻 발을 들이지 못하는 사람들이 많다.

물통을 넘치게 하는 마지막 한 방울의 물

다음으로 번아웃과 우울증의 진단, 증상의 빈도, 경과에 대해 알아보기로 하자.

놀랍게도 우리의 몸과 마음은 애를 쓰고 또 애를 쓰면 심각한 탈진과 스트레스도 한참을 견딜 수 있다. 그러나 사실 그런 상태는 이미 '적색경보 단계'이다. 번아웃은 부담이 과중한 상태이므로 스트레스를 확 줄이고 근무시간을 줄이거나 오래 휴가를 내면 충분히 완화될 수 있다. 번아웃은 독자적인 질병 분류 코드가 아니어서 그것만으로는 병가나 심리치료 혹은 노동 불능 판정의 요건이 안 된다.(그러나 세계보건기구(WHO)는 오는 2022년부터 적용되는 제11차 국제질병표준분류기준(ICD-11)에서 만성적 직장 스트레스 증후군인 '번아웃 증후군'을 직업 관련 증상의 하나로 분류했다. 의학적 질병은 아니지만 '건강 상태에 영향을 미칠 수 있는 요인'으로 판단한 것이다.-옮긴이) 따라서 일반적인 진단법으로는 주요 질병 진단에 따라붙는 '추가 진단'이다. 그러나 지속적인 탈진 상태를 방치할 경우 우울증으로 발전하고, 그렇게 되면 회복되는 데 몇 달, 심할 경우 몇 년이 걸린다. '물통을 넘치게 하는 마지막 한 방울의 물'이 위기 상황을 초래하는 것이다.

또 계절성 우울증을 앓는 사람들도 있고 여성의 경우 호르몬 변화로 인한 우울증이 나타날 수도 있다. 내가 상담한 젊은 여성 환자들 중에도 피임약을 끊고 나서 우울증이 회복된 경우가 더러 있었다.

우울증을 증상의 강도(경도, 중등도, 중도)에 따라 나누는 분류법 이외에, 급성 에피소드와 한정된 기간 동안 에피소드가 되풀이되는 재발 만성 우울증으로 나누는 방법도 있다. '기분부전(dysthymia)', 즉 증상이 가볍기는 하지만 만성적으로 지속되는 우울한 기분도 드물지 않다. 증상은 쉽게 경계를 넘나들기에 환자는 자신이 그냥 번아웃인지 아니면 이미 우울증에 접어든 것인지를 알 수가 없다. 우울증을 앓는 사람은 자신이 아프다는 사실을, 정상이 아니라는 사실을 스스로 느낀다. 우울증은 생활을 무리 없이 유지할 수 없을 정도로 매우 심각한 질병 상태이기 때문이다. 출근을 해서는 온 힘을 총동원해 억지로 업무를 볼 수 있겠지만 퇴근을 해서 집에 돌아오면 탈진 상태이므로 더 이상 개인생활이나 가정생활이 불가능하다.

이런 탈진 상태 및 부담 상태가 중독으로 이어질 위험이 높다는 사실을 누구나 쉽게 납득할 것이다. 긴장과 압박감을 줄이기 위해 시작한 술이나 마약이 독자적인 중독 문제를 일으키는 것이다. 심리치료를 하다 보면 우울한 기분과 술이나 마약의 불행한 연관 관계를 자주 목격한다. 모든 중독 뒤에는 동경이 숨어 있다는 유명한 말이 있다. 진정으로 필요한 것이 무엇인지, 중독을 통해 조금이나마 더 오래 붙들고 싶은 것이 무엇인지, 그러니까 저 깊은 곳에 숨은 진짜 동경이 무엇인지를 일찍 깨달을수록 유발 요인의 뿌리를 찾아 근본적 변화를 불러올 가능성도 높아진다. 중독 이외에 불안도 매우 잦은 증상이며, 강박증이나 식이장애도 우울증을 동반하거나 우울증에 앞서는 증상들이다.

우울증은 발생, 경과, 증상이 동일하지 않다. 심리질환은 신체질환에 비해 본질상 훨씬 더 개별적이며 이력에 좌우된다. 부담이 되는 사건의 결과로 나타날 수도 하지만 어린 시절에 겪은 인간관계와 애착 장애가 원인일 수도 있으며 생화학적 취약성이 주요 원인인 경우도 있다. 대부분의 경우 이런 여러 요인이 복잡하게 상호작용을 한다. 하지만 어떤 경우건 내적 부담과 외적 부담이 큰 역할을 한다.

우울 증상만 나타나는 단극성 우울증(unipolar depression)이 훨씬 많지만 우울 에피소드가 조증 단계와 번갈아 나타나는 양극성 장애도 드물지 않다. 물론 조증 단계라고 해서 진정으로 즐겁고 행복하다는 뜻은 아니다.

조증은 '도를 넘은' 상태여서 본인은 장애로 인식하지 못한다. 그 상태에 들어가면 과도하게 활동적이고 기분이 날아갈 것 같아서 돈을(자기 돈이 아니어도) 펑펑 쓰고 잠을 통 자지 않으며 밤에도 분주하고 적극적으로 생활하며 계속 사람들을 만나고 술을 마시거나 섹스 파트너를 교체하기도 한다. 조증일 때 공격적이거나 예민한 모습을 보이는 사람들도 있다. 또 '폭포수처럼' 말을 쏟아내고 아이디어를 뿜어내며 과대망상에 빠지고 거침없이 행동하며 주저 없이 모험에 뛰어들고 매우 창의적인 발상을 하는 사람들도 있다. 문제는 극단적인 기분 변화이다. 조증 단계는 보통 우울 에피소드로 급선회한다. 울증 단계는 조증 단계보다 훨씬 오래가고 증상이 뚜렷하다.

순수 단극성 우울증은 겉보기에는 멀쩡하기 때문에 주변

사람들은 잘 이해를 못 해주고, 환자는 계속 자신의 행동을 변명하고 정당화해야 한다는 기분에 사로잡힌다. 사실 주변 사람들의 입장에선 도통 이해가 안 된다. 아침에 일어나 샤워를 하는 게 왜 그렇게 힘이 들까? 병원에 가보라고 해도 갈 힘이 없다는 게 말이 되나? 조금만 정신을 차리면 될 텐데 왜 저렇게 힘들어하지? 주변 사람들은 이해도 안 되지만, 어찌해야 할지 난감하고 불안하고 화도 난다. 간단한 일상도 처리하지 못한다는 게 말이 되는가? 아무 일도 없는데 뭐가 그리 무섭고 불안하단 말인가? 하지만 그 점이, 더 이상 '마음'을 내지 못한다는 것이 바로 우울증의 핵심 증상이다. 지금껏 하던 대로 자신을 조절하고 자제할 수 없다는 것이다.

우울증은 자결과 자율의 감정을 마비시킨다. 생각과 기분마저 짙은 안개에 에워싸여서 합리적 논리가 있어도 불안과 절망, 우울에서 벗어나지 못한다. '망했어.' '내 인생은 끝났어.' '우리 가족을 먹여 살릴 수 없을 거야.' 외부인이 보기에는 지나치고 비합리적인 걱정이지만 당사자에게 생생한 현실이다. 거기에 수면 장애, 어지러움, 두통, 식욕부진, 의욕부진, 경련, 집중력 장애 같은 중증 신체 증상까지 더해진다. 따라서 우울증은 심각한 정체성의 위기로 이어질 수 있다. 행동과 생각을 내 마음대로 조절할 수 있는 능력도 의지도 없다면 과연 나는 누구이며 무엇을 믿을 수 있단 말인가? 물론 조절의 능력이 아예 없는 것은 아니다. 하지만 그 범위가 형편없이 줄어든다. 세 시간 동안 마음과 싸우다 겨우겨우 자리에서 일어나기만 해도 대성공이다. 산책 한 번 했다면 오늘 하루를 무사히 보낸 것이고 가족과 식탁에 앉아 같이 밥을 먹었다면 그것만으로 팡파르를 울릴 일이다.

지금까지 세상에서 가장 일상적이라고 생각했던 소소한 일들을 대단한 성공으로 인정하기가 쉽지는 않을 것이다. 언젠가 좋아지리라 스스로를 다독이며 몇 주를 기다리자면 엄청난 노력이 필요하다. 하지만 바로 그것이 필요하다. 지금까지의 기준을 버리고 아무것도 아닌 일도 가치 있다고 믿으며 진정한 성공으로 봐줄 줄 알아야 한다. 과거의 잣대로 자신을 들볶지 말고 아주 작은 성공도 인정할 줄 아는 자세. 그것이야말로 우울증을 이길 수 있는 가장 중요한 조건이다. 특히 주변 사람들의 칭찬과 용기가 큰 도움이 된다. 아무리 소소한 것이라도 환자의 노력을 칭찬하고 언젠가 괜찮아질 것이라고 연신 어깨를 토닥여주어야 한다.

통계적으로 여성 우울증 환자가 더 많다. 남성의 경우 우울증 발생이 드문 것인지 아니면 술이나 약이나 컴퓨터 게임 중독에 가려 우울증을 보지 못하는 것인지는 불명확하다. 심리치료를 받는 남성의 비율도 낮다. 정신질환자라는 낙인이 찍힐지 모른다는 두려움이 여성보다 더 크고 우울증이 능력 있고 힘 있는 남성이라는 자아상을 흔들 위험이 있기 때문이다. 그러나 만성화를 예방하는 최선의 방법은 심리치료나 의약품을 통한 조기치료이다.

우울증은 '급성 발작'이라고 볼 수 있을 에피소드로 진행이될 때가 많다. 에피소드의 기간은 케이스에 따라 차이가 많지만 4~12개월 사이가 보통이다. 앞선 에피소드의 숫자가 많을수록 추가 에피소드의 확률도 높아진다. 대략 세 부류로 나눌수 있다. 환자의 3분의 1은 단 한 번만 우울증을 앓고, 3분의 1은 최고 두 번 재발을 하며, 나머지 3분의 1은 에피소드가반복되는 만성 우울증 환자이다.

자살하지 않는 것이 더 용감하다

우울증은 변화무쌍해서 자꾸 얼굴을 바꾼다. 문제는 이런 변화를 예측할 수가 없기 때문에 환자는 속수무책일 수밖에 없다. 그러나 흥미롭게도 위인전이나 의학 연구 결과를 보면 우울증 환자 중에는 창의력이 뛰어나거나 특별한 재능을 가진 사람들이 종종 있다. 우울증이 도졌을 때는 능력을 발휘하지 못하지만 인생 전체를 두고 볼 때는 우울증을 앓아도, 아니 오히려 우울증이 앓아서 더 위대한 업적을 거둘 수 있는 것이다.

가장 인상적인 사례가 중증 양극성 장애를 앓았던 노벨 생리학·의학상 수상자 에밀 폰 베링이다. 그는 우울증 말고도 아편, 모르핀, 수면제 중독이 심각했지만 무한한 야망으로 과학 연구에 매진하여 디프테리아와 파상풍 치료에 획기적인 공을 세웠다. 우울증이 도져서 요양원에서 치료를 받지 않을 때는 엄청난 학구열로 연구에 매진하였다고 한다.

에이브러햄 링컨을 필두로 정치인들 중에도 우울증을 앓은 사람들이 많다. 링컨은 1841년 이런 편지를 쓰기도 했다. "나는 지금 세상에서 가장 불행한 인간입니다. 내 기분을 전 인류에게 똑같이 나눈다면 지상에서 즐거운 얼굴이 사라질 것입니다."

유명한 그림 〈절규〉로 우울증을 표현하였던 화가 에드바르 뭉크 역시 대표적인 사례이다. 우울증은 검은 천사처럼 평생 그를 쫓아다녔다. 빈센트 반 고흐 역시 중증 우울증을 겪었고 분열된 인격을 일기와 편지에 담았다. 안료와 용해제를 마셔 여러 번 자살을 시도한 끝에 그는 결국 총으로 생을 마감했다. 어니스트 헤밍웨이 역시 여러 번의 정신과 치료 끝에 자살로 생을 마쳤고 작가 버지니아 울프 또한 중증 우울 에피소드를 앓았다. 증상이 없을 때는 명랑하고 카리스마와 순발력이 넘치는 여성이었지만 그녀 역시 자살로 삶을 마쳤다. 영화 배우 마릴린 먼로는 웃음 띤 가면 뒤로 우울증을 숨겼지만 사실 죽을 만큼 불행했다고 한다.

우울증을 앓은 경험이 있는 사람이라면 그들의 기분에 너무나 공감할 것이다. 더 이상 이렇게는 살 수 없을 것 같은 기분 말이다. 거의 모든 우울증 환자들이 자살을 꿈꾸고 실제로 우울증 환자의 자살률은 눈에 띄게 높다. 독일에선 2015년 해마다 약 1만 명이 자살로 생을 마감하며 상당수가 우울증 환자들이다. 자살 시도 횟수는 여성이 더 많지만 자살률은 남성이 일관되게 더 높다. 방법도 여성은 주로 약물을 사용하는 반면 남성은 목을 매거나 총을 사용하는 등 더 거친 방법을 택한다. 독일의 사례를 보면 교통사고보다 자살로 더 많은 사람이 죽는다.

2007년까지는 꾸준히 자살률이 낮아져서 우울증에 대한 부정적 인식이 많이 줄었다는 사실이 숫자로도 확인되었다. 그러나 2007년부터 다시 자살률이 증가하는데, 사회 전반에서 우울증이 눈에 띄게 증가하였다는 사실과 관련이 있다. 이는 누가 봐도 명백한 경고 신호이다. 날로 가속화, '최적화'되는 세상에서 탈진과 실패와 과도한 부담에 보다 큰 관심을 쏟아야 한다는 경고인 것이다. 자살을 시도한다고 해서 모두가 생을 끝내겠다는 확고한 의지가 있는 것은 아니다. 우울증에 걸리면 모험심도 강해져서 술이나 약, 과속, 위험한 게임(러시안 룰렛, 결투 등)에 몸을 사리지 않고 자신의 생명에 대해 무관심해진다. 그래서 중증 우울증 환자들은 '죽어도 괜찮다'는 생각에 쉽게 빠져든다.

전문가들은 대부분의 우울증 환자들이 자살 충동으로 괴로워하기 때문에 아예 자살 이야기를 터놓고 하는 편이 환자의 부담을 줄인다는 데 동의한다. 괜히 이야기를 꺼냈다가 자살 생각이 없던 사람한테 자살 충동을 일깨울지 모른다는 우려도 있지만, 자살의 위험성을 현실적으로 판단하기 위해서는 귀 기울여 듣고 캐묻는 것이 매우 중요하다. 자살을 구체적으로 생각해보았는가? 예방조치를 취했는가? 유서를 써놓았는가? 썼다면 언제 썼는가? 자살경향성(suicidality)은 환자의 고통을 말해주는 명확한 지표이기에, 그 사실을 인정하고 대안을 모색할 수 있도록 옆에서 지원을 해주어야 한다. 외적으로도 도와주어야 하겠지만 무엇보다 내면적으로, 즉 인생은 살 만하고 의미가 있다는 새로운 마음가짐을 갖도록 도와주어야 할 것이다.

요즘은 언론에서도 자살 관련 보도가 많아졌다. 독일 골키퍼 로베르트 엔케의 자살은 많은 관심과 당혹감을 불러일으켰으며 안타깝게도 모방 자살을 낳았다. 아마 언론의 보도 방식과도 관련이 있었을 것이다. 괴테의 《젊은 베르테르의 고

나는 괜찮을 줄 알았습니다

통》이 출간된 이후 우리는 자살의 사회적 전염 잠재력에 대해 잘 알고 있다. 이 사회적 전염의 위험은 그만 살고 싶은 우울증 환자들의 바람이 있기 때문이다. 우울증 환자들은 자살을 못 하는 자신의 무능함을 결점이라고 느끼기 때문에 상담 중에 이런 말을 자주 한다. "난 아무짝에도 쓸모가 없어요. 자살도 못하잖아요." 그래서 자살을 '해낸' 타인을 용감하고 믿음직하다고 생각한다. 특히 입원치료 중에 동료 환자가 자살을 하면 남은 환자들이 그런 생각을 많이 하게 된다. 자살을 한 사람은 뭔가를 '이루었기'에 그의 '용기'와 집념이 부러운 것이다. 이런 생각은 매우 위험하다. 따라서 타인의 자살을 경험한 우울증 환자는 솔직한 밀착 대면 치료가 필요하다. 그리고 적어도 심리 전문가라면 자살경향성을 치료가 필요한 문제로 인식해야 한다. 우울증이 있어도 자살하지 않고 계속 살아가는 것은 용감하다는 인식을 환자들에게 심어주어야 한다. 어떤 사람이 제 발로 치료를 받으러 온다면 아직 희망의 불꽃과 생존의 의지가 남아 있는 것이다. 그리고 바로 이런 살아남기를 바라는 그들의 소망을 공감과 지원의 마음으로 동행하는 것이 심리치료의 과제일 것이다.

환자들을 상담하다 보면 주기적으로 자살의 위기가 찾아온다. 그런 상황은 심리치료사의 마음에도 큰 부담을 안기며, 실제로 생사를 건 사투일 때가 많다. 그리고 항상 환자의 결정이 삶 쪽으로 향하는 것은 아니다. 그럴 때면 무력감이 들고 우리 능력의 한계를 뼈저리게 느낀다. 대부분의 심리치료사들은 환자와 밀접한 관계를 맺기 때문에 환자가 자살을 할 경우 심한 충격을 받는다. 그리고 실제로 그런 경험을 하는 치료사들이 적지 않다.

하지만 다행히 환자와 함께 위기의 터널을 무사히 빠져나가는 경우도 드물지 않다. 심할 때는 몇 달에 걸쳐 환자에게 희망을 불어넣으려 애쓰고, 그 노력이 헛되지 않아 환자의 마음에 희망의 싹이 피어오른다. 그 희망이 불사조처럼 재를 뚫고 날아오르며 인생의 안개를 털어내는 광경은 참으로 감동적인 장면이 아닐 수 없다.

타인의 삶이 견딜 만한지 아닌지를 판단하는 일은 우리 몫이 아니다. 스스로 삶을 마무리하는 것이 마지막 남은 소중한 자유인 경우도 있다. 그러나 우울증의 경우 죽고 싶다는 바람이 고통스러운 질병 탓이기에 이것을 두고 자유의지가 내린 결정이라고 부를 수 있을지는 의문스럽다.

나는 괜찮을 줄 알았습니다

누구에게나 통하는 치료법은 없다

독일의 보건의료 시스템에서 심리질환을 담당하는 전문가는 정신과 의사와 심리치료사이다. 오랫동안 다닌 가정의가 심리치료 혹은 항우울제 치료를 권하거나 치료 초기에 용기를 북돋아주는 역할을 할 때도 있다. 일반의와 정신과 의사, 심리치료사, 심리학자는 비슷해 보이지만 다른 일을 한다. 가정의는 대부분 일반의학을 공부한 의사들로 심리질환 전공자가 아니다. 정신과 의사는 의학을 공부했고 심리질환을 전공으로 택한 사람들이며, 심리질환 환자에게 의약품을 처방할 수 있다. 항우울제는 처방을 받기 전, 복용 중, 약을 끊기 전에 반드시 이들 전문 정신과 의사와 상담을 해야 한다. 향정신성 의약품의 복용에는 정확한 진단, 특수 증상에 대한 정확한 지식, 최신 학술 정보, 올바른 의약품의 선택, 작용 및 부작용의 판단이 필수적이기 때문이다.

　아직도 많은 사람들이 항우울제 복용을 꺼린다. 그런 약을 먹으면 사람이 이상하게 변하거나 부작용이 심할 것이라는 걱정 때문이다. 약품의 복용 여부는 환자가 어느 정도 참을 수 있는지, 고통이 얼마나 심한지에 달려 있다. 증상이 가벼울 경우엔 무조건 항우울제부터 복용할 것이 아니라 먼저 심리치료를 받아보는 것이 좋다. 증등도의 증상에는 우울증에 좋은 허브를 고농도로 먹으면 효과를 볼 수 있다. 독일에서 많이 사용하는 항우울용 허브로는 성 요한 풀(학명: Hypericum perforatum L.)이 있다.

　효과가 있는 모든 의약품은 부작용도 있기 마련이다. 항우울제의 경우 가장 많이 나타나는 부작용으로 땀이 많이 나고 머리가 아프고 입이 마르고 발바닥이 간질거리며 심장이 뛰고 몸무게가 늘고 성욕이 줄고 수면 장애와 악몽이 심해진다. 항우울제를 복용하기 전에는 올바른 판단을 위해 정확한 정보를 수집하여야 한다. 중증 우울 상태는 더 이상 견딜 수 없다는 기분을 동반하기 때문에 환자는 증상만 개선된다면 무슨 일이든 다 하겠다는 마음을 먹기 쉽다. 그러나 항우울제는 2~4주는 먹어야 효과가 나타나기 때문에 복용을 결정하기 전에 그 사실을 꼭 감안해야 한다. 사실 급성일 경우 이 기간은 너무 길게 느껴질 수 있다. 그래서 조급한 마음에 약을 중단하기 쉬운데 그러면 절대 안 된다. 약을 먹겠다고 결심을 했다면 반드시 효과가 나타날 때까지 치료를 계속해야한다.

부작용은 복용 초기에 심하다가 시간이 가면서 눈에 띄게 줄어든다. 항우울제는 복용 초기에 우울 증상 자체와 비슷한 부작용이 나타난다. 그래서 이게 병 때문인지 약 부작용 때문인지 판단하기 쉽지 않을 때가 많다. 약 복용서를 읽어보아도 일어날 수 있는 모든 일이 적혀 있기 때문에 깜짝 놀라게 된다. 그러니 복용서는 한번 꼼꼼히 읽고 나서 서랍 저 안쪽에다 밀어 넣어두는 것이 좋겠다. 항우울제의 효과 역시 사람에 따라 다르고 만족도도 각양각색이다. 그래서 딱 맞는 약을 찾았다고 생각될 때까지 이것저것 먹어보는 사람들도 있고 기대했던 결과보다 부작용이 더 많아서 약을 중단하는 사람들도 있다.

만성적으로 반복되는 중증 우울증의 경우 의사들은 우울증 치료 원칙에 따른 우울제 복용을 권하고, 실제로 대부분의 환자가 감사의 마음으로 의사의 권유를 받아들인다. 항우울제는 절대 갑자기 중단해서는 안 된다. 몇 주에 걸쳐 서서히 약을 줄여야 부작용이 없고 재발 방지에도 도움이 된다. 보통 항우울제는 급성 우울 에피소드가 멈춘 후에도 약 육 개월 동안 더 복용하라고 권한다. 특히 몇 년에 걸쳐 여러 번의 에피소드가 있었던 경우에는 장기 치료를 해야 재발을 방지할 수 있다.

물론 안타깝게도 항우울제를 복용한다고 해서 재발을 완전히 막을 수 있는 것은 아니다. 그래도 최선의 경우 적어도 증상은 약해지기 때문에 견디기가 훨씬 수월하다. 임신을 원하는 여성들은 항우울제 때문에 아이한테 이상이 생기지 않을까 걱정을 많이 한다. 그러나 임신 중에 복용할 수 있는 약이 있다. 오히려 임신 중에 우울증이 재발하지 않을까 겁이 나서 예방 차원에서 치료를 하는 여성들도 있다. 또 항우울제에 중독될 가능성을 걱정하는 사람들도 많은데 괜한 걱정이다. 그 외에도 개인적인 문제가 있다면 서둘러 전문의와 상의를 하는 것이 좋다. 그래야 의약품 복용에 대한 긍정적 자세를 강화하고 치료에도 유익한 약을 찾을 수 있을 테니 말이다.

보통 한번 결정한 약은 제법 오랜 시간 복용을 한다. 환자가 부작용이 괴로워서 의사한테 말도 없이 '몰래' 약을 중단하는 사례도 있다. 물론 모든 인간에겐 약을 그만 먹을 자유가 있겠지만 약을 계속 복용했으면 피할 수 있었을 극심한 재발을 나는 여러 번 목격하였다. 우울증이 재발하면 다시 많은 시간과 노력을 들여야 한다. 장기간 약을 먹는 것이 즐거운 사람은 없다. 만일 의심이 들거나 약을 바꾸고 싶거든 솔직하게 의사에게 말하고 의논을 해야 할 것이다.

정신과 의사에 이은 두 번째 전문가 집단은 심리치료사이다.(우리나라는 국가에서 공인하는 심리치료 혹은 심리상담 면허증이 따로 없다. 그렇기에 보험 처리 또한 되지 않는다. 따라서 앞으로 설명할 독일의 상황은 우리나라와 다를 수 있다.-옮긴이) 심리치료사는 심리학을 전공했거나 의학을 공부한 사람이다. 대학에서 심리학을 전공하면 심리학자이지 심리치료사는 아니다. 하지만 심리학이나 의학을 전공했을 경우 국가에서 인정하는 심리치료 방법을 배울 수 있는 자격요건이 된다. 독일의 경우 의료보험이 인정하여 보험료를 지급하는 심리치료 방법은 세 가지이다. 행동치료, 심층 심리치료, 분석 심리치료가 그것이다. 모두 교육 기간은 몇 년에 이르며 입원 및 외래 환자 치료에 필요한 이론 및 실습 교육을 시킨다. 인격 발달의 기초, 병상에 관한 지식, 병상의 발생과 증상, 치료, 특수 치료 기법 훈련과 전문적인 대화법, 슈퍼비전, 셀프 경험 등이 주요 교육 내용이며, 교육을 마치면 국가시험을 쳐서 면허를 받는다. 그러니까 심리치료사가 개인 상담실을 열려면 최소 8~10년의 교육 기간을 마쳐야 한다. 또 개업 후에도 지속적으로 의무 교육을 받아서 그 사실을 입증해야 면허를 유지할 수 있다.

세 가지 치료법은 심리적 사건을 대하는 접근 방식이 다르다. 행동치료는 본질적으로 학습 연구의 결과를 기틀로 삼지만, 나머지 두 방법은 인간관계의 경험과 인간의 무의식적 심리과정에 더 관심을 둔다. 행동치료는 치료 기간이 훨씬 짧고 이름에서도 알 수 있듯 행동에 주안점을 둔다. 즉 원치 않는 행동을 버리고 원하는 행동을 취할 수 있게 하자는 것이다. 따라서 증상 개선이 목적인 사람은 행동치료가 잘 맞을 것이다. 심층적 자아성찰, 관계와 치료의 통합(과거 관계의 반복으로서 전이와 역전이 과정), 질병 발생을 보다 심층적으로 이해하려는 시도는 심층 심리와 정신분석 방법의 관심사이다. 그러자면 장기간의 치료를 감내하면서 꾸준히 자아성찰과 자기관찰에 매진하겠다는 마음가짐이 필요하다.

이 치료 방법들은 인식의 우위, 치료 콘셉트, 비용 배분, 치료 분담을 두고 거듭 다툼을 벌여왔다. 그러나 다양성은 유익하고 필요하다. 다들 자신의 증상에 어떤 치료법이 가장 잘 맞는지 묻지만 사실 누구에게나 통하는 조언은 없다. 아마 이런 대답이 가장 정확할 것이다. 모든 증상은 모든 방법으로 치료할 수 있지만 모든 사람에게 모든 치료법과 모든 치료사가 맞는 것은 아니다. 치료법에 따라 인간상과 치료 콘셉트가 다르고, 또 같은 치료법을 공부했다고 해도 치료사마다 접근 방식이 다 다르다. 따라서 환자는 치료사의 작업 방식과 치료 과정이 자신에게 맞는지를 잘 살펴보아야 한다. 치료 방법 못지않게 환자와 심리치료사의 궁합이 치료의 성패를 좌우한다는 사실은 심리치료 연구 결과로도 입증된 사실이다. 그러므로 함께 있어 편안하고 자신을 잘 이해해주는 것 같은 심리치료사를 찾는 것이 급선무일 것이다. 여기서 한 걸음 더 나아가 환자, 심리치료사, 전문의와 가정의가 함께 의논하고 의견을 주고받는다면 그보다 더 좋을 수는 없을 것이다. 백짓장도 맞들면 낫다는 말처럼 혼자보다는 둘이, 둘보다는 셋, 넷이 훨씬 더 큰 변화를 몰고 올 수 있을 테니 말이다.

예전에는 당연하다고 생각했던 것들에 감사할 줄 아는

겸손의 마음을 알았다. 나는 이대로의 나를, 내가 마주한

한계를 인정하고 그것과 화해하려 노력했다.

나는 내 마음의
심연을 들여다보았다

내가 진짜로 견딜 수 없었던 것,
도망치고 싶었던 것

상태가 조금 나아지기 시작하자 하루라도 빨리 상담실로 돌아가고 싶었다. 육 개월을 온전히 일을 놓고 살았다. 나는 천천히 일을 시작했다. 몇 시간으로 시작해서 조금씩 시간을 늘렸다. 물론 변화는 컸다. 경험이 있다 보니 환자의 입장을 누구보다 잘 이해했지만 또 한편 걱정도 없지 않았다. 내가 과연 환자들에게 신뢰를 줄 수 있을까? 예전처럼 환자를 잘 떠받쳐줄 수 있을까? 우울증에 걸린 치료사한테 상담을 받고 싶은 환자가 있을까? 심리치료의 기본인 지속성과 신용을 내가 지켜주지 못할까 봐 걱정스러웠다. 조금만 일을 해도 금방 피곤했다. 그래도 다시 일을 하니 좋았다. 전문가의 역할이 안정된 틀을 마련해주었고 겁먹었던 것과 달리 능력을 다 잃은 것은 아니라는 확신이 들었다.

몇 달간은 시간을 조절해가며 잘해나갔다. 그런데 다시 욕심이 생겼다. 상담 시간을 너무 많이 잡았고 다시 상태가 나빠지기 시작했다. 아마 일을 못하는 동안 생긴 적자를 빨리 메우고 싶었을 것이다. 사실 마음의 부담이 컸다. 만성 두통과 극심한 피로가 다시 찾아왔다. 우울증이 완전히 낫지 않아서인지 아니면 다음 에피소드의 징조인지 구분이 잘 되지 않았다. 우울증의 파급력을 누구보다 잘 알았지만 이번엔 일회성으로 끝나기를 간절히 바랐다. 나는 회복기에 있었다. 이 정도면 일을 해도 충분하리라 믿고 싶었다. 그러나 솔직히 말하면 그동안 일은 못했어도 너무나 힘든 시간을 보냈고, 회복이라는 느낌이 전혀 들지 않았다. 쉬는 날에도 특별한 일을 하지 않았다. 모임을 피했고 학부모 모임조차 나가지 않았다. 사람을 만나고 나면 다음 날 너무 힘들 것 같았다. 주말에도 아무것도 하지 않고 집에만 있었다. 사람이 조금만 북적대면 곧바로 피곤이 몰려왔다. 그래도 나는 다시 하루 종일 일을 했고, 그런 자신이 정말 자랑스러웠다.

물론 능력이 예전 같지는 않았다. 그늘 한 점 없이 해맑던 마음도 돌아오지 않았다. 일을 대하는 자세도 예전과 달리 즐겁기만 한 것은 아니었다. 밤이면 다시 잠을 설쳤고 낮에 상담이 비는 시간이면 쓰러지듯 환자용 소파에 누워 잠깐씩 눈을 붙였다. 다음 환자를 불러들이기 전에는 에스프레소 한잔을 들이켜야 했다. 서커스의 곡예사처럼 시간의 줄을 타고 이 상담, 저 상담을 건너다니는 기분이었다. 매번 오십 분의 상담을 위해 마지막 힘을 짜내야 하는 기분이었다. 두통은 심해졌고 절망은 깊어갔다. 아마 그 시절엔 내 환자들이 나보다 훨씬 상태가 좋았을 것이다. 나는 오직 모든 것이 시간이 가면 저절로 나아지기를 바라고 또 바랐다.

이 무렵 아버지의 상태가 급속도로 나빠지기 시작했다. 이미 몇 주 전에 완화치료에 들어갔고 아편 진통제를 정기 복용했으며 기력이 급속도로 쇠약해졌고 호흡도 가빴다. 그래도 아버지는 남은 힘을 끌어모아 끝까지 병마와 싸웠다. 남은 시간 동안 아버지 곁을 지키며 위로와 도움을 주고 싶었다. 하지만 전화 통화만 해도 흐르는 눈물을 주체할 수 없었다. 주말마다 달려가고 싶었지만 도저히 엄두가 나지 않았다. 부모님은 당신들의 일만 해도 너무 벅차고 아버지의 암이 훨씬 위중한 병이었으니 내 상태를 자세히 살필 여유가 없으셨을 것이다. 나 역시도 안 그래도 힘든 부모님께 걱정을 끼치지 않으려고 이를 앙다물고 힘든 내색을 하지 않았다. 부모님의 기대를 저버리고 비겁하게 도망만 치는 것 같고 급한 아버지를 두고 내 생각만 하는 것 같아 마음이 무거웠다. 큰딸인 데다 심리치료사니 이 작별의 시간이 얼마나 소중한지 누구보다 잘 알면서도 나는 그 해 부모님을 겨우 네 번 찾아갔을 뿐이었다.

팔백 킬로미터의 거리가 까마득했다. 조금만 가까우면 얼마나 좋을까 생각했다. 거기까지 갈 기력이 없었고 아이들을 혼자 두고 싶지 않았고 상담실을 닫아두고 싶지 않았다. 하지만 그런 이유들이 다 양심의 가책을 지우기 위한 핑계처럼 느껴졌다. 진짜로 내가 견딜 수 없었던 것, 도망치고 싶었던 것은 죽음이었다. 슬픔과 운명을 피할 수 없다는 절망감이었다. 좀 극단적으로 표현하자면 나는 우울증을 핑계로 이런 '비겁함'을 정당화했던 것 같다.

그전에는 내가 워낙 경험이 많기 때문에 아버지도 편안하게 보내드릴 수 있을 것 같았다. 갑작스러운 사고로 친아버지가 돌아가셨고 비슷한 시기에 학교 친구도 도로에서 축구를 하다가 교통사고를 당해 세상을 떴다. 죽기 몇 주 전 그는 내게 사랑을 고백하는 편지를 건네주었다. 러시아의 요양원에서 봉사활동을 할 때도 여러 사람의 마지막 길을 배웅했다. 쇠락한 시베리아 변두리의 외딴 곳에 자리한 요양원이었다. 노인과 장애인이 섞여 있었는데 모두가 가족이 없거나 가족에게 버림받은 사람들이었다. 길은 포장도 안 되어 있고 자연은 황량하고 큰 가게 하나 없는 삭막한 곳이었다. 나는 뼈만 앙상한 두 노인이 숨을 거두는 자리에 함께 있었다. 그들의 삶에 대해 아는 것이 전혀 없었기에 궁금했다. 이들의 삶은 어땠을까? 살면서 제일 힘들었던 때와 제일 좋았던 때는 언제였을까? 뭘 하면서 살았을까? 누군가를 사랑해봤을까? 전쟁 중에 사람을 죽여봤을까? 나는 내 나름의 방식으로 고인을 추모하기 위해 주기도문을 외운 후 간호사를 불렀다.

하지만 사실은 죽음을 받아들인 것이 아니었다. 인생무상의 소용돌이가 어린 나를 깊은 절망의 구렁텅이로 밀어 넣었고 그날 이후 나는 늘 무방비 상태의 심정으로 어쩔 줄 몰라 했던 것이다.

나의 이 부분은 영영 상처를 회복하지 못한 채 절망에 빠져 있었다. 그러다 아버지의 암을 알게 되고 실제로 아버지가 일 년 육 개월 후 세상을 떠나자 해묵은 감정의 둑이 다시 터져버렸다. 죽음이 안겨준 슬픔을 단 한 번도 잊은 적이 없었고, 이제 다시 예기치 않은 순간 우울한 모습으로 그 슬픔이 다시 나를 찾아왔다. 나의 우울증은 지난 십 년 동안 내 마음 깊은 곳에 숨어 있던 고통스러운 슬픔의 부활이었다.

그러나 하필이면 왜 지금일까? 반드시 이유가 있다면 아마도 내 안에 숨었던 그 해묵은 고통이 오랜 세월 예상을 넘어서는 막대한 생명력을 간직하고 있었다는 대답이 가장 그럴듯해 보였다. 너무 무리를 해서 지치기도 했거니와 거기에 다시 참기 힘든 슬픔이 밀어닥치자 잠자던 아픔이 엄청난 폭발력으로 터져 나온 것이다. 마음의 상처가 너무도 깊어서 지금까지도 털어버릴 수가 없었던 것이다.

아버지가 암에 걸리지 않았다면 나도 무너지지 않았을지 모른다. 내가 바라던 열정적이고 충만한 모습을 훨씬 더 오래 유지할 수 있었을지 모른다. 내 안에 그렇게 거대한 슬픔이 숨어 있다는 사실을 계속 모른 채 살던 대로 치열하게 살았을 것이다. 우울증이 다른 순간에 찾아왔을 수도 있고 우울증을 아예 겪지 않았을 수도 있다. 알 수 없는 일이다.

아버지는 마지막 순간까지 너무 이른 죽음을 받아들이지 못했다. 아직 하고 싶은 일도 너무 많고, 아이들이 다 자랐으니 예전에 아버지가 가보셨던 세계 곳곳을 어머니에게 보여주고 싶다고도 했다.

내가 마지막으로 아버지를 찾아갔던 날은 돌아가시기 며칠 전이었다. 아버지는 우리 집 거실에서 숨을 거두었다. 집에서 죽고 싶다고 간절히 바라셨고 그럴 수 있어 너무 행복해하셨다. 돌아가시던 날 밤에는 나를 빼고 모든 형제들이 다 모였다. 나는 숨을 거두시고 몇 시간 지나서 집에 도착했고, 우리는 다음 날 하루를 우리끼리 지내면서 아버지와 작별을 나누었다.

그날 저녁 장례업체에서 사람들이 와서 아버지의 시신을 밖으로 옮기던 그 순간이 가장 견디기 힘들었다. 아버지는 이제 집으로 돌아오지 못하실 것이다. 이 집에서 영영 아버지의 목소리가 들리지 않을 것이고 아버지의 발자국 소리가 울리지 않을 것이다.

'좋다', 그리고 '이 정도면 충분히 좋다'

생명이 이렇게 간단히 꺼져버리다니, 도저히 받아들일 수 없었다. 나는 사후의 생을 믿지 않는다. 죽음이 다른 세상으로 가는 건널목이라 믿는 사람들이 참 부럽다. 어쩌면 그래서 더 슬펐는지도 모른다. 어린 시절엔 사람이 죽어도 하늘에 올라 우리를 내려다본다고 상상했다. 그들이 우리를 보고 우리의 말을 들을 수 있기를 바라면서 매일 밤 친아버지와 죽은 친구를 떠올리며 기도를 하고 그날 학교에서 배운 노래를 불렀다. 지금의 나는 죽은 사람들이 들으라고 노래를 부르지 않는다. 그들이 내 노래를 들을 수 있다고 믿지 않는다. 나의 상상력은 우리가 다시 먼지와 재가 되는 그 지점에서 끝나고 만다.

나도 언젠가 죽을 것이고 그럼 아이들이 (정말 순서대로 죽어야 할 텐데……) 내 장례식을 주관할 것이다. 그 모습이 떠오르면 나는 슬픔을 이기지 못하고 엉엉 울었다. 바다의 물을 채우고도 남을 만큼 울고 또 울었다. 아버지가 그랬듯 나도 언젠가 떠나야 할 것이고, 그 순간 부디 우리 아이들은 나보다 잘 견딜 수 있기를 기원했다. 지금껏 아이들에게 생명을 선사했다고 믿었건만 문득 견뎌야 할 고난과 짐만 안긴 것은 아닌가 의심이 들었다. 아무리 엄마라도 삶을 대신 살아줄 수는 없다. 고통도, 행복도, 삶의 의미도 아이들 스스로 찾아야 하고 결정해야 한다.

아버지가 돌아가신 후엔 내 삶의 유한성이 다르게 다가왔다. 새삼 삼십 대 후반의 내 삶이 이미 전환점을 돌았다는 깨달음이 들었다. 부지런히 일구어 계획했던 모든 것을 거두고 말 것이라는 욕심이 갑자기 사라졌다. 더 앞으로 나아가서 더 많은 것을 갖고 더 높이 올라야 할 이유가 없었다. 이제는 그동안 일군 것을 지킬 수만 있어도 행복이라는 생각이 들었다. 모든 고민과 생각의 종착지는 가족이었다. 소중한 우리 아이들이었다. 그동안 이룬 그 어떤 성공보다도 우리 아이들이 더 내 삶을 풍성하게 채워주었다.

아버지 장례가 끝나자마자 나는 바로 일을 시작했다. 일도 안 하면 축 늘어져서 못 일어날 것 같았다. 하지만 매일 머리가 찌르는 듯 아파서 뇌암에 걸린 것은 아닌가 걱정이 될 정도였다.

그러다가 터무니없게도 약을 줄이자는 생각을 했다. 두통과 치료가 약 부작용과 관련이 있다는 확신이 들었기 때문이다. 애당초 마지못해 먹기 시작한 약이었고, 먹으면서도 계속 왜 복용을 선택했을까 자책을 하던 참이었다. 항우울제의 효과와 부작용에 대해서는 지금까지도 말이 많다. 나는 몇 주에 걸쳐 서서히 약을 끊었고 일시적으로 효과가 있는 것 같았다.

하지만 문득 아무 이유도 없이 심장이 두근거렸고 도무지 잠을 잘 수가 없었으며 아무것도 못 할 것 같은 두려움이 엄습했다. 일 년 육 개월 전과 같은 심각한 증상들이 몇 주 동안 이어졌다. 나는 다시 약을 먹었고 이젠 두 번 다시 약을 함부로 끊지 않겠다고 맹세했다. 밤마다 무시무시한 불안과 악몽과 공포에 시달렸다. 겨우 조금 나아졌는데 이러다가 다시 그 고통의 시간으로 돌아가는 건 아닐까? 그나마 조금 괜찮은 날은 억지로라도 몸을 일으켜 차를 마셨다.

밤의 그림자가 길게 드리우면 안 그래도 무서운 시간들이 더 무섭고 암담하고 고통스럽게 느껴졌다. 돈 걱정이 이만저

만이 아니었다. 이러다 온 가족이 길거리로 나앉으면 어떻게 하나 한숨이 절로 나왔다. 남편이 있으니까 그래도 어찌어찌 버틸 수는 있겠지만 내 마음엔 두려움밖에 없었다. 닥쳐올 내일이, 닥쳐올 밤이, 닥쳐올 미래가 두렵기만 했다.

온몸이 떨렸고 입맛이 없고 의욕이 사라졌다. 다시 머리가 멍했고 내가 내가 아닌 기분이었다. 다시 그 안개가 돌아와 내 마음을 뒤덮고 내 목을 조르는 기분이었다. 어디로 갈지 몰라 암담하던 그 밤이, 땀범벅이 되어 불안에 떨며 뜬 눈으로 지새던 그 밤이 돌아왔다. 더 이상은 못 해먹겠다는 심정, 사는 게 힘들어 죽을 것 같은 그 심정이 돌아왔다. 이렇게 찾아온 두 번째 우울 에피소드 역시 다시금 몇 달 동안 아무것도 할 수 없게 내 손발을 꽁꽁 묶어버렸다.

느리지만 나는 확실히 깨닫기 시작했다. 옛날로 돌아가고 싶은 나의 바람은 비현실적이라는 것을. 인생의 중반에 겪은 이 위기는 '비포'와 '애프터'를 가르는 명확한 절개선이었다. 이 터닝 포인트는 오랜 시간에 걸쳐 꾸준한 변화를 요구했다. 사람들이 어떠냐고 물어보면 나는 좋다고 말하지 못했다. 여전히 무너지기 전의 시간을 기준으로 삼았기 때문이다.

하지만 기준을 바꾸어야 했다. 이제는 그냥 '좋다'가 아니라 '이 정도면 충분히 좋다'고 생각해야 한다. 과거의 꿈과 소망을 버리는 것은 정말로 눈물겨운 결정이었지만 그래도 얻은 것이 있다고 느꼈다. 나는 이 과정을 통해 겸손을 배웠다. 예전에는 당연하다고 생각했던 것들에 감사할 줄 아는 겸손의 마음을 알았다. 나는 이대로의 나를, 내가 마주한 한계를 인정하고 그것과 화해하려 노력했다. 물론 노력이 언제나 성공한 것은 아니다. 말을 듣지 않는 한심한 머리를 벽에 쾅 찧어버리고 싶은 충동이 하루에도 몇 번씩 일었다. 하지만 그것이 나의 현실이었다. 이보다 더 어떻게 잘 돌아간단 말인가? 수천 번 화내고 절망해봤자 아무 소용 없다. 이 질병을 내 삶으로 받아들이는 수밖에 다른 도리가 없었다. 서서히 나는 그런 현실을 이해하고 받아들이기 시작했다.

내가 예전과는 다른 사람이 되어도
잘 살아갈 수 있을까?

두 번째 우울 에피소드를 거치면서 나는 남는 힘이 없으니 신중하게 힘을 분배해야 한다는 사실을 다시 한번 절감했다. 그래서 그때부터는 선을 확실히 긋고 억지로라도 분수를 지키려고 애쓰고 있다. 힘이 없이 쉽게 지친다는 사실을 알고 나면 당연히 이런 질문이 떠오를 것이다. 이 얼마 안 되는 에너지와 시간을 어디에 쏟아부어야 할까? 일과 가족과 나만의 여가를 어떻게 분배해야 할까? 심리상담을 하면서 나는 직장 생활이 힘겹다는 사람들을 많이 만난다. 직장이 숨도 제대로 쉴 수 없게 허리를 졸라매는 코르셋 같다고 말하는 사람들을 말이다. 그러나 대부분은 그 코르셋을 자기 상황에 맞게 조절할 용기보다는 몸에 맞지 않은 코르셋에 억지로 자기 몸을 구겨 넣어야 한다는 절박함이 더 크다. 일을 줄이고 싶은 마음은 굴뚝같지만 현실적으로 그것이 불가능하다고 믿기 때문이다. 근로 조건 때문이기도 하고 돈 때문이기도 하다. 물론 쉬운 일은 아닐 것이다. 그럼에도 대부분의 사람들은 시도조차 하지 않는다. 파트너나 상사를 붙들고 앉아서 함께 실현 가능한 방안을 모색해볼 엄두조차 내지 못한다. 대안은 없으므로 하던 대로 하지 않으면 안 된다는 생각이 머리에 꽁꽁 둥지를 틀었기 때문이다. 나도 다르지 않았다. 그럼에도 나는 감히 주장하고 싶다. 어떤 형태건 여지는 있다고 말이다. 언제 어디서건 찾아낼 수 있는 여지가, 변화의 도화선이 되어줄 여지가 존재한다고 말이다.

일을 마치고 바람 빠진 풍선처럼 소파에 너부러질 때면 절로 일을 줄여야겠다는 생각이 밀려왔다. 예전과 비교해 에너지가 절반도 채 안 남은 것 같았고 우울의 안개는 예기치 못한 순간 언제라도 들이닥칠 수 있었다. 일에 에너지를 다 쏟아부으면 다른 일은 아무것도 할 수가 없었다.

그동안 남편과 나는 가사분담을 재정비했다. 지금도 남편에게는 고마운 마음뿐이다. 남편은 병원의 주간 근무를 포기하고 야간 근무를 자청했다. 환자들 잠자리를 살피는 일이어서 여유가 있는 편이지만 밤일은 고단할 것이다. 그래도 그 덕분에 아이들이 집으로 돌아오는 오후 시간에 남편이 집에서 아이들을 맞이할 수가 있다. 또 아이들이 자기들끼리 놀 때는 저녁도 짓고 아이들 숙제도 봐주고 이런저런 집안일도 살핀다. 아이들에게도 더할 나위 없이 좋고 나로서도 한 결 부담이 덜하다. 남편이 내 부담을 덜어주려고 그런 결정을 내렸다는 사실을 나는 누구보다 잘 안다. 남편은 가족 때문에 함께 일하던 팀도 포기했고 집안일도 나보다 훨씬 더 많이 한다.

나는 약 일 년 전부터 반나절만 일을 한다. 그래도 예전에 하루 종일 일할 때만큼 힘이 든다. 하루 서너 명의 환자만 상담해도 힘이 다 빠져버리지만 그런 자신을 칭찬하고 존중하려고 애쓴다. 물론 아무리 그래도 나도 모르게 자꾸만 능력 없는 자신을 비하하는 스스로의 모습을 발견한다. 아직도 현실을 받아들이고 자신을 배려하기가 무척 힘이 든다. 일을 못하면 당연히 수입이 줄고 가족 경제에도 타격이 크다. 이젠 아이들을 데리고 여행을 가는 것도, 외식을 하는 것도, 온 식구 새 신발을 사는 것도 쉽지가 않다. 우울증은 내게 인생에서 정말로 중요한 것이 무엇인지를 캐물었고, 그 질문의 대답은 여러 가지 측면에서 안락한 습관과의 작별이었다.

나는 태생이 근검절약하는 인간이 못 된다. 남한테 베풀기를 좋아하고 인생을 즐기며 예쁜 물건을 좋아한다. 그럴 수 있으면 좋지만, 그럴 수 없어도 이젠 원망하거나 부러워하지 않는다. 세상 모든 일에서 중도를 지키는 것은 각자가 나름의 방식으로 균형을 맞추어야 하는 삶의 기술이다. 고대 그리스인들도 그 사실을 알았다. 이제 내겐 적당한 일과 가족과 함께 보내는 시간, 명상과 같은 여가 활동이 삶의 의미이자 힘의 원천이며 안식처이다.

우울증 덕분에 나는 텃밭 일의 재미를 발견했다. 흙을 파고 식물을 심고 수확을 할 때면 더할 나위 없이 마음이 흡족해진다. 그리고 계절에 따라 피고 지는 식물들을 보면 새삼 거스를 수 없는 생로병사의 법칙을 깨닫게 된다. 좋은 것이 있으면 나쁜 것도 있는 법. 낮이 가면 밤이 오고 안개가 사라지면 햇살이 비치고 겨울이 가면 봄이 온다. 자연은 누구나 알지만 잊고 살기 쉬운 진리를 내게 가르쳐주었다. 호두와 사과, 자두를 따서 잼과 시럽을 만들면 기분이 더 없이 좋다. 내 손으로 농사를 지어 그 열매를 따먹으면 뭔가 열심히 사는 것 같고 돈이 없어도 큰 부자가 된 것 같다.

글쓰기도 마음 깊은 곳을 들여다볼 수 있는 유익한 시간이다. 글을 쓰면 생각과 관점이 정리되고 무엇보다 우울증으로 흐트러진 자아상과 세계관을 재정립할 수 있다. 그런 심리적 위기 상황에선 붙들 수 있는 것이 필요하다. 그래서 많은 사람들이 예전에 하다 만 악기를 다시 시작하고, 그렇게 되돌아온 과거의 힘과 에너지로 우울증을 이겨낼 수 있다. 악기 연주, 노래, 춤이 특히 유익한 이유는 말로는 닿지 못할 가슴과 영혼의 저변을 건드리기 때문이다. 다시 붙들 수 있는 선물은 곳곳에 널려 있다. 합창단에 들어가서 사람들과 화음을 맞춰 노래 부르는 것도 좋고 흥미로운 주제를 골라 강연을 들어보는 것도 좋을 것이다.

운동도 정말 중요하다. 운동은 놀라운 효과를 발휘하는 항우울제이다. 우울증을 예방하고 스트레스를 해소하는 데에 운동만 한 것이 없다. 우울증으로 인해 몸과 신체기능이 현저히 약해졌다 해도 그럴수록 더욱 운동의 힘을 믿어야 한다. 운동을 하면 근육의 긴장과 불안이 많이 해소된다. 물론 급성 우울증의 경우 사실 산책도 힘겹다. 내 경우도 집 밖을 나서는 것부터가 너무 고통스러웠고 채 십 분도 못 걷고 집으로 돌아온 적도 많았다. 그래도 억지로 조금씩 산책 구간을 늘렸고 주말에는 등산도 하면서 운동의 엄청난 효과를 몸으로 절감했다.

　내 경험상 급성일 때는 하루를 버티는 것이 급선무이기 때문에 시간단위를 잘게 쪼개서 생각해야 한다. 다른 것을 돌아볼 여력이 전혀 없다. 일단 급성 단계가 잦아들어야 앞으로 어떤 장기적 변화가 필요한지 실질적으로 고민할 수 있다.

　우울증의 터널을 지나며 내 날개는 꺾였고 날개의 털도 엄청나게 빠졌다. 나는 상처투성이의 허약해진 몸으로 겨우 그 터널을 빠져나왔다. 덕분에 그동안 알지 못했던 나의 여러 측면들을 알게 되었지만 가슴에는 여전히 슬픔이 가득하다. 그래도 나는 자신에게 공감하고 이 모든 나의 눈물과 두려움을 이해하며 내 어깨를 다독이려고 애쓴다. 경험으로 볼 때 자신을 향한 공감과 사랑을 잃지 않는 것이 무엇보다 중요하다. 더불어 내가 다른 사람이 되어도 여전히 나를 지지하고 사랑하는 사람들이 세상에 존재한다는 경험도 참으로 값지고 소중하다.

　우울증은 자아상과 인간상의 재배치를 요구한다. 어쩔 수 없이 질문이 솟구친다. 능력이 떨어져도 인간으로서 가치가 있는 것일까? 모든 것을 내 뜻대로 할 수 없다는 사실을 받아들일 수 있을까? 실질적 변화를 일으킬 능력이 내게 있을까? 삶이 달라졌다는 것을, 꿈이 깨졌다는 것을 인정하고도 앞으로 잘 살아갈 수 있을까? 과연 내게 아직 다시 일어설 수 있는 힘과 용기가 남아 있을까?

우리는 자신이 병에 걸릴 수 있다는
생각을 하지 않는다

심리치료사가 심리질환을 앓아서 동료의 상담실을 찾아가 상담시간을 기다리는 상황은 그리 많이 알려진 경우가 아니다. 당사자들이 입에 올리고 싶어 하지 않기 때문이다. 다행히 나는 운이 좋아서 회의에 참석했다가 비슷한 경험을 한 동료들을 많이 만났다. 치료를 하다가 자신이 심리적 위기에 빠져서 거꾸로 치료를 받은 적이 있는 심리치료사, 정신과 의사, 주치의들이었다.

이들 대부분이 그러했듯 나 역시 처음에는 내 병이 부끄러웠다. 병에 걸린 내 꼴은 내가 바라는 모습이 아니었다. 환자는 내가 아니라 타인들이다. 정신 건강에 관해서라면 전문 지식으로 철저히 무장을 한 사람인 만큼 나는 자신을 보호할 수 있는 능력도 뛰어나야 마땅하다. 그런데 그런 내가 병에 걸리다니……. 한 동료의 말이 내 심정을 대변했다. "우리는 우리도 병에 걸릴 수 있다는 생각을 잘 안 합니다. 오히려 우리보다 환자들이 더 정확하지요. 의학을 공부하기만 하면 절로 의사는 병에 안 걸린다는 한심한 생각을 하게 되거든요." 우리는 보건 체계 안에서 치료받을 수 있는 방법을 누구보다 잘 알지만 정작 병에 걸리는 순간 누구를 찾아가야 할지, 어떤 동료를 믿어야 할지 결정을 못해 전전긍긍한다. 그렇게 도저히 어쩔 도리가 없을 때까지 소중한 시간을 낭비하기 때문에 오히려 일반 환자들보다 더 병을 키운다. 심리치료사나 의사가 환자가 되는 상황은 양쪽 모두에게 고민이 필요한 특수 상황이기 때문이다.

그러나 심리치료사라고 해서 다를 것이 없다. 나도 갑자기 병을 맞이한 대부분의 환자들이 그러하듯 불안했고 혼란스러웠으며 어찌할 바를 몰랐다. '앞으로 어떻게 될까?'라는 꼬리를 무는 걱정은 내 실존을 뒤흔들었고 공포를 불러왔다. 삶에게 기만당한 기분이었고 오만했던 나 자신이 부끄러웠으며 왜 하필 내가 이런 일을 당해야 하나 화가 났다.

남을 돕는 직업군의 사람들은 남에게 도움의 손길을 내미는 데 어려움을 겪는다. 그러나 예상외로 번아웃과 우울증을 앓는 의사와 심리치료사들이 매우 많다. 의사는 우울증 발생률과 자살률이 가장 높은 직업군이다.

나를 찾아오는 의대생들이나 심리학과 학생들에게 우리 상담실의 주요 고객이 젊은 의사들이라는 말을 하면 깜짝 놀라면서도 크게 안도한다. 나도 의사나 치료사 동료를 처음 상담할 때는 긴장을 많이 했다. 일반 환자 대하듯이 해야 하나? 아니면 다르게 대해야 하나? 동료는 아는 게 많으니까 상담이 훨씬 수월하고 빨리 진행될 것이라 믿었다. 그래서 나도 모르게 이런 말을 많이 했다.

"이건 말 안 해도 아시죠?"

"그건 저만큼 아실 테니까 굳이 설명하지 않겠어요."

"환자분이시라면 어떤 진단을 내리실 것 같으세요?"

동료도 내 상담실 문을 열고 들어올 때는 직업이라는 모자를 벗고 진짜 환자가 될 수 있어야 한다는 것을 그때는 미처 몰랐다. 그 무엇보다 심리적 탈진의 경우엔 증상과 장애에 대한 전문 지식 따위가 중요한 게 아니다. 동료건 아니건 위기에 빠진 사람의 감정이, 불안이, 정서적 왜곡이 더 큰 문제이다.

거꾸로 내가 우울증에 걸렸을 때도 입장을 바꾸어 환자 역할에 충실하기가 쉽지만은 않았다. 자꾸만 내가 더 잘 안다는 자만심이 스멀스멀 고개를 쳐들었다. 심리학과에 들어가면 통계학과 방법론, 과학 철학 같은 과목을 우선적으로 배우지만 술자리나 모임에 나가서 심리학 전공이라고 소개를 하면 이런 반응이 더 많았다.

"저런, 조심해야겠네. 지금 나 분석하고 있지?"

"쟤한테 거짓말하면 안 돼. 다 알거든."

편견 못지않게 다음과 같이 경멸하는 사람도 많았다.

"심리학과엔 병자들이 많다면서?"

"너도 심리치료 받고 싶어서 심리학과 갔어?"

물론 나를 반가워하며 자신도 심리학 공부가 하고 싶다는 사람들(특히 여성들)도 많다. 이렇듯 심리치료사는 인정과 의심을 동시에 받는 직업이다.

그러나 심리치료사도 다른 사람들과 똑같이 고난을 겪는다. 우리의 결혼도 전쟁터가 될 수 있고 우리의 아이들도 밤에 술에 취해 경찰차를 얻어 타고 집에 올 수 있다. 우리도 삶과 치열하게 싸우고 공포와 걱정과 문제를 겪으며, 역시 운명의 장난으로 병에 걸리고 슬픈 일을 겪고 우울증에 빠질 수 있다.

나는 괜찮을 줄 알았습니다

그럼에도 내 '분야'여서 다행이다 싶었다. 어쨌든 다른 환자들에 비해 아는 것이 많은 데다 주변에 전문가들이 수두룩했다. 특히 우리 상담실의 동료들한테는 언제라도 부탁하고 의논을 할 수가 있었다. 그들이 나를 존경하는 동료'이자' 어려움에 처한 환자로 대해주어서 얼마나 좋았는지 모른다. 당시 나를 배려하고 지지해준 동료들에게는 지금도 감사의 마음이 크다. 나를 맡은 치료사 동료는 첫 상담 시간에 이렇게 말했다. "혼란스러우시겠지만 저는 평상시와 똑같이 상담을 진행할 겁니다. 지금 제 앞에 계신 분은 저의 치료가 필요한 환자이니까요." 이 따뜻한 배려의 말이 얼마나 소중했는지 모른다. 가슴을 짓누르던 돌이 떨어진 기분이었다. 동료의 입장이라면 능력 있고 신중한 사람이고 싶었지만 치료사를 힘들게 하는 환자가 되고 싶지는 않았다.

물론 말 잘 듣는 모범 환자가 되는 것도 쉽지만은 않았다. 두 종의 다른 약을 이미 복용하였던 터라 다른 약을 더 먹고 싶지 않았기 때문이었다. 동료의 권고를 무시할 마음은 추호도 없었지만 그렇다고 내가 괴로운데 억지로 실험동물이 되고 싶지는 않았다. 한참을 망설였지만 결국 나는 더 이상의 실험은 원치 않는다는 말을 털어놓았다. 실제로 환자들을 상담하면서 약을 많이 바꾸어도 큰 변화가 없는 경우를 많이 보았다. 약을 이것저것 바꾸는 것도 어쩌면 우리의 무기력을 인정하고 싶지 않은 몸짓일지 모른다. 모든 병에 치료법이 있는 것은 아니며, 현대 의학도 모든 병을 치료할 수는 없다는 사실을 인정하고 싶지 않기 때문일 것이다.

치료는 자유와 권고의 줄타기이다. 그러나 권고는 권고일 뿐, 어떤 것이 자신에게 가장 잘 맞는지를 결정할 당사자는 환자 자신이다. 치료를 하는 입장에서도 환자에게 이런 자유를 허락하는 것이 꼭 필요한 기본자세라고 나는 생각한다. 안타깝게도 환자가 자신의 권고를 따르지 않으면 상처를 많이 받는 동료들이 적지 않다.

내 병이 동료들 사이에서 화젯거리가 되는 걸 원치 않았다. 심리치료사가 심리질환에 걸리다니 너무 창피했다. 전문가가 그 지경이 될 때까지 몰랐다니 말이 되는가? 가끔 나는 다른 직업이었다면 우울증을 받아들이기가 훨씬 쉬웠을 것이라는 생각을 한다. 그럼 이렇게 부끄러울 이유도 없었을 것이고 나의 직업 능력을 의심할 이유도 없었을 것이다. 자기가 아픈 줄도 몰랐던 사람이 어떻게 아픈 사람들을 도울 수 있겠는가? 임신을 하고서도 까맣게 모르다가 배가 아파 병원에 가서 아이를 낳은 여자가 된 기분이었다. 제삼자가 보면 어이가 없어 고개를 흔들 일이었다. 어떻게 그 지경이 될 때까지 자신을 그렇게 몰랐을까?

　심리치료사로 일해도 될 정도로 건강한 상태는 어느 정도일까? 첫 번째 에피소드 때는 대안이 없었기 때문에 육 개월 병가를 내고 상담을 중단할 수밖에 없었다. 하지만 지금의 나처럼 우울한 기분이 완전히 가신 것은 아니지만 그렇다고 꼼짝 못할 정도는 아니라면 어찌 해야 할까? 일을 해도 된다고 누가 판단할 수 있을까? 이 질문에 대답할 수 있는 사람은 자신뿐일까? 당시 나는 스스로 심리치료를 받으며 나의 심리치료사와 항상 의논을 했다. 그녀는 늘 내게 물었다. "지금 어느 정도 일하세요?" "한계를 넘었을 때 무엇을 보면 알 수 있나요?" 때로 그녀가 단호하게 결정을 내려주기도 했다. "그건 안 됩니다. 여기서 더 추가하면 힘들어요."

　나는 일을 줄이기로 결심했다. 특히 골치 아픈 상담 몇 건은 동료들에게 넘겼다. 그리고 항상 정신을 바짝 차리고 자신의 상태를 살폈다. 환자와 상담을 하면서 정신을 딴 곳에 팔지는 않는지 주의 깊게 살폈다. 심리상담은 자신이 가장 중요한 도구이니만큼 그 도구를 갈고닦을 필요가 있었다.

때로 걱정이 들었다. 힘든 시간을 지나고 있는 환자들에게 필요한 여지와 안정을 줄 수 없는 것은 아닌지 겁도 났다. 여전히 나의 창의력과 아이디어와 공감 능력이 만족스럽지 못했다. 이런 관점에서 보면 내 병은 직업 자체를 뒤흔드는 위험이다. 나도 우울한 상태와 싸우고 있다고 털어놓으면 환자들은 뭐라고 할까? 어디까지 솔직해야 할 것이며 어디까지 침묵할 책임이 있는 것일까? 솔직히 고백하면 아마 많은 환자들이 나를 피할 테지만, 오히려 비슷한 상태를 경험한 심리치료사가 더 자신을 이해할 수 있을 것이라 믿고 나를 찾는 환자들도 있을 것이다. 입장은 양 갈래로 갈린다. 한편은 자신이 경험을 했으니 환자들을 더 이해할 수 있을 것이라는 입장이고, 다른 한편은 병에 걸렸으니 자격 미달이라는 입장이다.

"돌아오셔서 정말 기뻐요."

처음 증상이 찾아왔을 때는 환자들에게 연락을 해서 내가
아파서 당분간 일을 할 수 없게 되었다고 알렸다. 당연히 환
자들은 질문을 쏟아냈고 불안해했으며 겁을 집어먹었다. 하
루아침에 심리치료가 중단되었는데 무슨 일인지 아무도 말을
해주지 않았으니 환자들의 입장에서는 당연히 불안했을 것
이다.

환자 중 3분의 2는 내가 돌아올 때까지 기다렸다가 다시
나한테 상담을 받았다. 대부분이 걱정을 했고 나를 배려해주
었지만 방치되었다는 기분에 화를 낸 환자도 있었다. 급한 경
우 동료들이 대신 상담을 하기도 했지만 지속적으로 치료를
이어갈 수는 없었다. 무엇보다 내가 언제 돌아올지 확답을 할
수 없어 괴로웠다. 나는 내가 너무 자리를 오래 비울 경우 다

른 치료사를 찾아보라고 환자들에게 권했다. 환자들은 사랑을 담아 편지를 보냈고 돌아온 나를 이런 말로 환대해주었다. "돌아오셔서 정말 기뻐요." "이제 괜찮으신 거죠?"

그러나 몇 달 후 조심스레 당시 무슨 일이 있었던 것이냐고 물어준 환자는 단 한 명뿐이었다. 재미있게도 그 환자는 당시 현실에 매우 가까운 상상을 했기 때문에 나는 그녀의 질문에 직관력이 정말 좋으시다는 칭찬밖에 달리 해줄 말이 없었다. 다른 여성 환자 한 명은 보아하니 내가 힘든 시간을 보낸 것 같은데 자신의 무거운 사연들로 내게 부담을 주지 않을까 걱정이라는 말을 했다. 나는 이제는 내 몸을 잘 돌보고 있고 건강해지지 않았으면 돌아오지도 않았을 것이라는 말로 그녀를 안심시켰다.

심리치료사가 위기에 빠지면 환자들은 무의식적으로라도 그 사실을 알아차릴까? 나는 궁금했다. 특히 다시 돌아온 이후에 나를 찾은 환자들은 내 상태를 전혀 눈치채지 못한 것 같았다. 어쩌면 그 이유가 환자들이 치료사한테서 기대할 수 있는 일이 아니기 때문인지도 모른다. 나를 보면서 바로 우울증을 떠올리지 못하는 사람들이기 때문인지 모른다. 심리치료사라고 하면 흔히 인생에 성공했고 아이들도 잘 키우고 전문지식으로 미리미리 어려움을 예방할 수 있는 사람이라고 상상한다. 환자들은 우리가 우울증에 걸릴 확률이 암에 걸릴 확률보다 낮다고 생각하는 것 같다. 하지만 환자들한테서 예전에 다니던 곳의 심리치료사가 번아웃이었다는 말을 자주 듣는다. 어떤 환자는 자신의 치료사가 자살을 했다고 털어놓기도 했다.

"나라면 번아웃인 심리치료사한테는 안 가겠어요." 나 역시 상담 중에 그런 말을 자주 들었다. 그럴 때마다 이렇게 대답하고 싶은 충동이 일었다. "어쩌죠? 제가 지금 그렇거든요. 지금 당장 다른 치료사를 불러드릴까요?" 충분히 이해할 수 있는 걱정이다. 안 그래도 불안불안한 사람한테 자신의 근심과 어려움을 토로하는 것이 잘하는 짓일까? 어떤 환자라도 그렇게 생각할 것이다. 특히 환자의 어머니가 몸도 마음도 약한 사람이어서 어릴 때 한 번도 어머니에게 마음 놓고 걱정을 털어놓지 못했다면 다시 병약한 심리치료사와 함께 그 패턴을 깨기란 너무나 힘든 일일 것이다.

환자는 치료사에게 짐을 안길 권리가 있다. 환자가 치료사를 걱정해야 할 이유는 없는 것이다. 한 인간으로서 심리치료사에게 호기심을 느낄 수는 있겠지만 심리치료사의 상태를 정확히 아는 것이 오히려 환자에게 과도한 부담이 될 수도 있다. 물론 말하지 않아도 환자들은 우리의 인생 경험과 우리의 관점을 감지한다. 그런 건 말하지 않아도 알 수 있는 것이다.

환자와의 밀접한 관계는 심리치료사에게 큰 부담으로 작용한다. 심리치료사들은 환자를 지켜야 한다는 막중한 책임감을 느낀다. 나 역시 심리치료사라면 마땅히 환자를 돕고 책임을 떠안아야 한다는 이상화된 직업관을 가졌고 그 이상에 맞추기 위해 자신의 능력과 역할을 과대평가했다.

물론 치료사와의 관계와 치료의 연속성은 환자에게 매우 중요한 것이다. 하지만 그것이 치료사에게 심한 압박감을 줄 수 있다. 나 역시 그랬다. 환자의 신뢰를 얻어야 하는데 그것이 내 마음대로 되는 일이 아니라는 기분은 불안과 두려움을 안겨주었다. 사람이 아니라 컴퓨터를 바라보는 직업이었다면 그런 불안과 공포가 훨씬 덜했을 것이라고 나는 생각한다.

심리치료사들끼리도 서로의 상태를 잘 살피고 혹시 그런 위기를 겪는다면 서슴지 말고 동료들에게 도움과 조언을 청해야 한다. 혹은 동료에게서 걱정스러운 모습이 관찰된다면 먼저 다가가 도움을 주어야 할 것이다.

환자는 우리와 다른 사람이라고 생각해서는 안 되며 용기

를 내 서로를 지지하고 도와야 할 것이다. 우리는 누구보다 심리적 위기와 가까운 사람들이다. 따라서 심리적 위기도 인생의 한 부분이라는 사실을 누구보다 앞서 보여줄 수 있다. 허심탄회하게 대화를 나누고 서로 돕는다면 그 위기가 반드시 이겨낼 수 있는 인생의 한 부분이라는 사실을 말이다.

받아들임과 버려놓음이 체념은 아니다

삼 년이 지났다. 내 삶은 큰 부상을 입었고 많은 것이 달라졌다. 몸과 마음의 힘이 크게 줄었고, 여전히 안개와 절망은 잊을 만하면 한 번씩 나를 찾는다. 무엇보다 힘든 일은 이 시간을 참고 받아들이는 것이다. 나는 더 이상 우울증을 억지로 떼어내려고 하지 않는다. 가능하지도 않거니와 이미 내 삶의 일부가 되어버렸기에 그것과 더불어 사는 법을 배우려 한다.

심리질환을 사고나 전염병만큼 당연하게 받아들이는 세상이 왔으면 좋겠다. 심리질환은 운명처럼, 때로 전혀 예기치 못한 순간에 우리를 덮친다. 다음 제물이 내가 아닐 것이라 확신할 수 있는 사람은 아무도 없다. 운명이 남들만 찾아갈 것이라는 믿음은 세상물정 모르는 순진한 생각이다. 나 역시 그 운명이 내게 많은 것을 가르쳐주기 전에는 그런 엉터리 같은 생각에 빠져 있었다.

예나 지금이나 많은 우울증 환자들이 스스로 목숨을 끊는다. 나는 그 사실이 너무도 가슴 아프다. 그런 사정은 우울증을 심약함이나 실패 탓으로 몰아 환자 스스로 우울증을 받아들일 수 없게 만드는 현실과도 무관하지 않을 것이다. 물론 높은 자살률은 그 상태를 견딜 수 없고 아무런 전망도 볼 수 없는 개인의 기분 탓도 있다. 바로 그런 기분이 우울증의 증상이기 때문이다.

우울증 환자라면 묻지 않을 수 없다. 에너지가 바닥이 났는데, 일을 할 수 없는데, 목숨을 부지하는 것 말고는 더 할 수 있는 것이 없는데 어떻게 자존감을 지킬 수 있으며 어떻게 삶을 새롭게 바라볼 수 있단 말인가? 그러나 우울증을 앓고 나서야 나는 우리가 무의식중에 품었던 잘못된 생각들을 깨닫게 되었다.

예를 들면 나는 암묵적으로 능률적이지 못한 인간은 존재할 가치가 없다고 생각했다. GDP를 올리는 것이 삶의 의미인 양 생각했다. 우울증에 걸린 환자가 능률적이지 못한 것은 게을러서가 아니라 우리 스스로가 그은 경계선 때문이다. 다들 동화 《브레멘 음악대》를 읽어보았을 것이다. 늙고 병들어 일을 못하게 된 동물들이 죽는 것보다 나은 무언가를 찾기로 결심하고 음악대에 들어가기 위해 브레멘으로 향한다. 동물들은 바깥세상이 정한 역할을 거부하고 능률과 관계없는 새 삶을 찾아 나섰고, 그 여정에서 뜻하지 않게 도둑들을 물리치기도 한다.

　우울증을 겪으면서 삶을 대하는 나의 자세도 많이 바뀌었다. 나는 지금의 내 삶에 감사한다. 물론 그 일을 겪지 않았더라면 더 좋았을 테지만 그건 내 소관이 아니다. 삶이 어떤 얼굴을 보이건 나는 삶에 순종하며, 젊은 시절 많은 꿈을 이룰 수 있었다는 사실에 마냥 기쁘다. 행복은 선물이지 내가 노력한다고 해서 무조건 얻을 수 있는 것이 아니라는 사실도 깨달았다. 예전처럼 당연하다고 생각하지 않기에 매일의 작은 행복과 기쁨도 더 깊이 있게 다가온다. 나는 그 순간들을 귀한 보석처럼 소중히 간직한다. 다시 안개가 짙은 날에 그 보석들을 꺼내 보며 마음을 다독일 수 있을 테니까 말이다.
　나는 까마득한 마음의 심연을 들여다보았다. 그러다 다시 안개가 개이며 상태가 호전되기도 했다. 그 경험이 얼마나 마음을 편안하게 해주는지 모른다. 처음 우울증이 찾아왔을 때는 상상조차 한 적 없는 상태였기에 정말 어찌할 바를 몰랐다. 경험이 없었기에 그 상태가 절대 다시 사라질 수 있을 것 같지 않았다. 지금은 다르다. 마음이 한없이 아래로 떨어질 때 지난 경험은 내가 붙들 수 있는 크나큰 희망이다.

우울증은 인간을 인내의 한계로 몰아가는 강력한 경험이다. 가장 힘든 일은 다른 삶을 향한 바람을 내려놓는 것이다. 내 삶을 받아들이지 못하면 불행하고 절망적이며 슬프다. 이런 감정을 피할 수는 없겠지만 그래도 욕심을 버리고 남은 것, 아직 내 곁에 있는 것을 챙기는 편이 더 낫다. 내 삶은 이 삶이지 다른 삶이 아니다.

이런 마음은 절대 체념이 아니다. 다른 사람이 되고자 하는 바람을 포기할 때 비로소 자유의 문이 활짝 열린다. 그래야 남은 가능성을 볼 수 있기 때문이며, 인간됨과 존엄성은 아무리 심각한 질병에도 훼손될 수 없기 때문이다. 우울증에 걸리면 자신의 질병이 수치스러워 자신과 세상을 가혹하게 대하기 쉽다. 그러나 무엇보다 자신에게 공감하고 자신에게 부드러워야 한다. 삶에 걸었던 기대와 바람을 내려놓기란 너무나 슬픈 일이기에 자신의 등을 토닥이고 자신의 눈물을 닦아주어야 한다.

만성 우울증의 경우 무엇보다 다시 건강해지겠다는 목표

를 내려놓을 수 있어야 한다. 그렇지 않으면 오지 않을 미래를 위해 현재를 놓칠 위험이 크다. 병에 걸렸던 아니건 내 삶의 시간은 지금이다.

나 역시 지난 몇 년 동안 일을 제대로 할 수 없어 무척 슬펐다. 은퇴할 때까지 최선을 다해 열심히 일할 생각이었는데 그 계획이 처참히 무너졌다. 조금만 늦게 자고, 조금만 무리해도 금세 탈이 난다. 쉽게 피로해지기 때문에 늘 힘의 분배를 고심해야 한다. 이런 현실이 너무나 슬프다.

그러나 달리 생각하면 그 덕분에 번아웃과 우울증에 관한 책을 쓰자는 생각을 할 수 있었고, 무사히 집필을 끝낼 수 있었음은 물론이고 글쓰기의 기쁨을 재발견할 수 있었다. 때로 종적을 감추었던 에너지가 전혀 예상치 못한 곳에서 다시 고개를 내밀 때도 있다. 그럼 다시 의욕과 힘이 되살아나고 나는 그 사실에 겸허히 감사한다.

대부분의 우울증은 한두 번으로 끝난다. 혹시 또 돌아올 수 있다는 두려움은 남기겠지만 실제로는 두 번 다시 돌아오지 않는다. 물론 끈질기게 돌아와 공물을 요구하는 만성 우울증도 있다. 녀석의 요구가 힘에 부치고 벅차지만 우리에게 진정으로 중요한 것이 무엇인지 가리키는 녀석의 손가락 끝을 바라보아야 한다. 우울증이 전하고 싶은 말을 이해하고 그 메시지를 진지하게 받아들인다면 녀석을 극복할 기회는 있을 것이고, 혹시 그럴 수 없다 해도 녀석과 더불어 살아가는 법을 배울 수 있을 테니 말이다.

심리치료에선 스스로를 있는 그대로 받아들이는 것이 중

요하다. 자신의 이력, 심리, 능력, 전망, 병력까지도 다 인정

하고 받아들여야 한다. 제힘으로 할 수 없다면 다른 사람이

되고자 하는 바람을 버려야 한다.

심리치료사의 우울증 노트 Ⅲ

심리치료는
어떻게 하는 것인가

스스로에 대해 더 많이 알게 되는 과정

심리상담은 의사의 처방이 없어도 가능하다. 인터넷에서 상담실 전화번호를 찾거나 주변의 추천을 받아서 편한 시간에 전화를 걸어 예약을 잡으면 된다.

심리치료는 어떻게 시작할까? 일반적으로 독일에서는 일차 상담에서 치료사가 심리치료에 대한 개요와 정보를 제공하고 진단을 내리며 유익할 것으로 예상되는 치료법을 설명한다. 치료의 공동 목표와 세팅을 설명한 후 의료보험에 심리치료 신청서를 제출하며, 여기에 가정의의 신체 관련 의견서가 추가된다. 그럼 보통은 의료보험에서 특정 치료 시간(치료 방식에 따라 11시간에서 160시간까지)에 대한 비용승인을 해준다. 일반적으로 상담 시간은 50분이며 대부분 1~2주에 한 번씩 정기적으로 실시한다.

나는 심층심리와 정신분석 치료법을 공부하였고, 급성 환자의 단기 치료는 물론이고 2년 이상이 소요되는 장기 정신분석 상담도 진행한다. 심리치료를 받으러 오는 사람들은 대부분 심리치료가 구체적으로 어떻게 진행되는지 잘 모른다. 그게 당연하다. 치료사마다 나름의 리듬과 개별적 주제가 있기 때문에 환자가 미리 공부를 할 수가 없다. 환자가 심리치료를 기존의 병원치료처럼 생각할 경우 어려움이 생긴다. 그런 사람들은 이런 마음으로 상담실을 찾는다. '내가 증상을 보여줄 테니 얼른 낫게 해줘!' 그래서 상담 초기에는 환자에게 증상이 중요한 것이 아니라 고통받고 희망하고 감정을 느끼는 주체로서 환자 자신이 더 중요하다는 점을 열심히 설명한다.

심리치료는 전문가에게 행동요령을 배워 증상을 없애는 것이 목표가 아니다. 심리치료는 자기성찰 과정에 뛰어들어 증상마저 자아에 통합시킬 수 있어야 한다는 점을 환자에게 알리는 것이다. 어쩌다 이런 위기에 봉착하였는지, 이 위기를 무사히 빠져나가려면 어떤 것이 유익한지를 고민할 수 있는 성찰의 시간을 갖는 것이 무엇보다 중요하다고 말이다. 치료사는 환자에게 믿음직한 인상을 주어야 하고 경청하는 자세로 환자의 눈물과 절망과 불안을 함께 나누어야 하며 환자의 인생에 진실로 관심을 갖고 올바른 질문을 던지고 해석의 가설들과 연관 관계를 제시하고 임상 경험과 전문 지식을 제공해야 한다.

나 역시 작동 능력을 '수선'하기보다 고통받는 환자와 함께 심리장애 뒤편에 무엇이 숨어 있는지를 알아내는 데 주안점을 둔다. 심리치료는 환자에게 자신을 예전보다 더 많이 알게 되었다는 느낌을 전달해줄 대답을 찾으려 노력한다. 어떤 해석과 의미 부여가 맞는지 결정하는 쪽은 환자이다. 따라서 정신분석치료는 환자의 동행이 꼭 필요한 이해의 과정이다. 증상의 제거에만 관심이 있는 환자는 정신분석보다는 행동치료를 선택하는 편이 나을 것이다. 하지만 자신을 조금 더 알고 이해하며 억압했던 자아의 측면들을 의식으로 불러오고자 한다면 정신분석 심리치료가 변화의 물꼬를 터줄 것이고 오래오래 풍성한 열매를 안겨줄 것이다.

나는 심리치료사가 지켜야 할 세 가지 기본 원칙인 절제, 자유 연상, 균등하게 분배된 주의(evenly suspended attention)의 원칙을 준수한다. '절제'란 편견과 도덕적 잣대를 배제하고 환자가 자신의 문제를 이해하도록 도와줄 뿐 섣부른 판단이나 평가를 자제하며 함부로 영향력을 행사하지 않으려는 자세를 말한다. 심리치료사로서 나는 전문지식과 공감, 환자의 인식을 통해 환자 스스로 이유와 해답을 찾을 수 있도록 도와주려 한다. 환자가 찾은 해답이 내가 찾았을 해답과 전혀 다를 수도 있다. 환자와 대화를 나눌 때는 개인의 선호를 배제하고 열린 마음으로 관심을 갖고 환자가 정한 주제에 대해 대화를 나누고자 한다.

나는 또 환자에게 머리에 떠오르는 모든 내용을 허심탄회하게 털어놓으라고 격려한다. 사소하거나 무의미해 보이는 것도 다 말하라고 용기를 준다. 이것을 우리 심리치료사들은 '자유 연상'이라고 부른다. 그러면 나는 환자가 언어적, 비언어적 표현을 통해 쏟아낸 모든 것에 '균등하게 분배된 주의'를 기울이려 노력하며, 그 과정에서 떠오른 이미지, 환상, 관념을 다시 환자에게 전달해준다.

모든 환자에게 사용할 수 있는 대화의 기술 같은 것은 존재하지 않는다. 그래서 심리치료는 무척 고되지만 오히려 그래서 활기가 넘친다.

그사이 심리치료에 대한 인식이 많이 바뀌었다. 세대와 계층을 불문하고 심리치료를 편견 없이 바라보고 전폭적으로 신뢰하는 사람들이 많아졌다. 그러나 여전히 심리치료를 받는다는 사실을 부끄럽게 생각하는 사람들이 있다. 가족이 찾아와서 직장이나 주변에 치료 사실을 알리지 말아달라고 부탁을 하는 경우도 있다. 그들이 느끼는 그 실존의 공포가 전혀 근거가 없는 것이 아니어서, 심리치료사의 입장에서 참으로 안타깝다. 고용주가 알고 나서 갑자기 치료를 중단하는 사례도 있고 교육대학교나 사범대학교 학생들은 장차 임용이 안 될까 봐 걱정한다.

아직도 특정 집단에선 심리치료를 '이상'으로, '비정상'으로 생각한다. 그 결과 안타깝게도 치료시기를 놓쳐 상태가 극적으로 악화되거나 만성화되고 만다. 환자가 할 수 있는 일이라고는 상태가 저절로 나아지리라는 헛된 희망을 안고서 이를 악물고 정신을 차리려 애쓰는 것뿐이다. 그러나 심리질환 역시 조기 치료가 중요하다. 나는 오히려 자신의 문제를 고민하여 도움을 청하고 치료를 발전의 기회로 생각하는 것이야말로 진정한 용기와 강인함의 표현이라고 본다. 몇 달 넘게 걸리는 개인 심리치료는 당연하다고 생각하지 않는 나라가 유럽 국가들 중에도 많다.

나의 경우는 환자 수가 열네 명에서 열다섯 명을 넘지 않아야만 상담이 원활하다. 환자 한 명당 일주일에 한 차례에서

세 차례까지 상담을 한다. 통계적으로 볼 때 다른 상담사들에 비해 적은 숫자이다. 심리치료는 규칙성과 지속성이 필수적이다. 환자 한 사람이 몇 달씩 상담을 하기 때문에 상담이 진행되는 동안에는 문의가 와도 새 환자를 받기가 힘들다. 그러다 보니 심적 부담이 크고 나도 모르게 내가 감당할 수 있는 수준을 넘어서버릴 위험도 높다.

―――――

살다 보면 인생이 뜻대로 되지 않을 때가 더 많다

―――――

심리치료는 무엇을 할 수 있을까? 나를 찾아온 환자들은 이야기를 들어줄 가족이나 친구가 있다는 말을 많이 한다. 특히 치료 초기에는 아무한테도 말하지 못한 생각이나 기분을 생판 처음 보는 치료사에게 털어놓는 것이 어색하고 쑥스럽다고 생각하는 환자들이 많다. 당연히 나는 상담실 바깥에도 환자에게 안정된 사회적 환경이 조성되어 있으며 믿고 대화를 할 수 있는 사람들이 있다는 말을 들으면 무척 기쁘고 안심이 된다.

그럼에도 불구하고 가족과 치료사는 큰 차이가 있다. 치료사는 가족과 달라서 환자의 일상생활과 얽히지 않고, 확실하게 정해진 틀이 있어서 오직 환자의 안위만 걱정할 수 있다. 치료사는 판단을 하지 않고, 도움을 주더라도 환자가 부담감

나는 괜찮을 줄 알았습니다

을 느낄 필요가 없다. 또 심리질환 전문가이기 때문에 가족이나 친구들과 달리 쉽게 무력감과 과도한 부담을 느끼지 않는다. 나아가 환자의 비밀을 지켜야 하는 의무가 있기 때문에 남한테 털어놓기 힘든 비밀도 치료사에게는 안심하고 말할 수 있다.

질병이 삶을 뒤흔들 때는 전문가의 도움이 필요하다. 의사와 심리치료사라고 해서 예외가 아니다. 자가 치료에는 한계가 있는 법이다. 사실 심리질환의 경우 어떤 것이 환자에게 도움이 될지, 어떤 것이 환자의 영혼을 살찌게 하여 위기를 넘기게 할지를 알아내기만 해도 상당한 진전일 때가 많다. 그러자면 당연히 환자 자신의 도움이 필요하고, 인간관계, 즉 폭풍을 뚫고 항로를 잡아줄 좋은 친구나 가족, 그리고 심리치료사가 필요할 것이다. 경로를 이탈하지 않게 잡아줄 사람, 비바람이 몰아쳐도 겁내지 않을 사람, 아무리 사나운 태풍도 시간이 가면 잦아들 것이라 굳게 믿는 사람, 그런 사람이 곁을 지켜야 할 것이다.

살다 보면 인생이 내 뜻대로 되지 않을 때가 더 많다. 심리치료 역시 어쩔 수 없이 한계에 봉착할 때가 있다. 아무리 최선을 다하고 젖 먹던 힘까지 끌어모아도 안 되는 것이 있다. 인생이란 것이 의지만으로 설계하고 만들어갈 수 있는 것이 아니다. 내가 보기에 심리치료에선 스스로를 있는 그대로 받아들이는 것이 중요하다. 자신의 이력, 심리, 능력, 전망, 병력까지도 다 인정하고 받아들여야 한다. 제힘으로 할 수 없다면 다른 사람이 되고자 하는 바람을 버려야 한다.

나를 찾아오는 환자들 중에는 내가 척 보기만 하면 바로 문제를 파악해서 해결해줄 것이라 기대하는 사람들이 더러 있다. 나도 그랬으면 정말 좋겠다. 우리 상담실이 거대한 수리 공장이어서 환자가 찾아오면 척척 수리를 해줄 수 있다면 얼마나 좋을까? "오일을 갈아야 할 때군요. 나사가 빠졌어요. 엔진을 바꾸어야겠습니다. 헤드라이트를 교체해야 합니다. 잠시 맡겨두고 놀다 오시면 완벽하게 고쳐놓겠습니다." 이렇게 말할 수 있다면 얼마나 좋을까? 많은 환자들이 심리치료를 이런 수리 공장처럼 생각한다.

따라서 나는 지난 내 경험을 바탕으로 심리치료의 중요한 측면들을 간단히 설명하고자 한다. 물론 일반적인 내용일 뿐, 실제 심리치료는 개인별로 맞춤 진행된다. 심리치료는 나름의 특수한 이력과 경험과 가능성과 한계를 가진 개인을 중심에 두기 때문에 상담도 매우 개별적이다. 우울증처럼 증상은 유사해도 원인과 해결방안이 전혀 다른 경우가 많다.

물론 행동 차원에서 우울증에 대처하는 일반적인 지침은 있다. 스트레스를 피하고 잠을 충분히 자고 운동을 하고 좋은 공기를 마시고 건강에 유익한 식생활을 유지하고 사람들을 만나고 취미 생활을 하면 우울증에 도움이 된다. 그래서 우울증을 설명하고 치료할 때 잊지 않고 이런 방법을 권한다. 또 급성 심리질환의 경우 할 수 있는 것이 이런 행동 차원뿐이고 실제로 일상의 행동을 바꾸는 것만으로도 큰 도움이 된다. 그러나 내 경험상 행동 차원은 사물의 표면과 같은 것이다. 그 아래에는 심층 구조가 있다. 우리가 미처 모르는 본연의 차원, 개별적 차원이 숨어 있다. 단기간의 급성 치료를 넘어서는 장기 심리치료는 여기서부터 비로소 시작된다.

인간적인 것은 다 심리치료의 대상이다

모든 심리치료는 자아의 새로운 인식과 해명을 추구한다. 어린 시절 성장한 환경을 성찰하고 원 가족에서 겪은 분위기와 주제들을 고찰하면 지금껏 무의식에 머물렀던 자아의 여러 측면을 인식할 수 있다. 우리에게 영향을 미쳤고 우리를 구성하는 것들 중에서 우리가 의식할 수 있는 것은 새 발의 피도 안 된다는 정신분석의 기본 가정은 현대의 두뇌 연구로도 입증된 사실이다. 우리가 이해하고 성찰하고 정돈할 수 있는 부분은 빙산의 일각에 불과할 뿐, 남은 대부분의 빙산은 무의식의 바다에 잠겨 있다.

어린 시절 우리는 가족의 '분위기'를 느끼고 경험하지만 아직 어려서 그것을 이해하고 판단하지는 못한다. 부모가 서로를 대하는 방식, 부모가 그들의 부모를 대하는 방식, 나와 다른 형제들을 대하는 방식은 우리의 인생관에 큰 영향을 미친다. 부모 양쪽이 다 있을 경우 경험은 이원적이다. 아이는 인간이란 참으로 다른 반응을 보이며 다른 가치관을 대변한다는 사실을 경험으로 알게 된다.

인간만큼 무력하게 태어나는 생명체는 없다. 아기가 건강하게 성장하려면 부모는 아기의 몸과 마음을 잘 보살펴야 한다. 애착 이론은 특히 생후 첫 해에 아기 곁을 지키며 아기를 쓰다듬고 달래고 아기의 기분을 알아주는 어른의 정서적 보살핌이 얼마나 중요한지를 알려준다. 아기가 필요한 것을 직감으로 알아차리고, 왜 아기가 우는지, 어떻게 해야 울음을 그칠지를 파악하는 보호자의 공감 능력과 세분화 능력이 중요한 것이다.

부모가 얼마나 아기의 마음을 잘 읽을 수 있는지는 그 부모가 겪은 과거의 무의식적 피드백 과정과 관련이 있다. 그 부모의 부모는 자식을 어떻게 키웠을까? 부모와 다르게 행동하기란 쉬운 일이 아니다. 우리 '내면의 컴퓨터'에는 우리가 경험하고 배워 저장해둔 문서만 들어 있기 때문이다. 우리가 어린 시절 경험했던 분위기는 우리 두뇌 깊은 곳에 저장되었다. 나랑 친한 조산원 친구는 아기가 잘못될까 불안에 떨고 엄마노릇을 잘못할까 걱정하는 산모가 있으면 엄마와의 관계를 물어본다고 했다. 그 질문을 받고 당황하는 산모들이 꽤 있는데, 무의식적으로 작동하는 메커니즘을 모르고 있다가 전혀 예상치 못했던 곳에서 해답을 찾기 때문이다. 그래서 눈길을 과거로 돌리면 현재의 매듭이 풀리는 경우가 적지 않다.

나 역시 그런 환자들을 많이 목격한다. 고개를 뒤로 돌려 자신의 가족을 관찰하는 과정은 그 자체가 목적이 아니라 우리 자신을 이해하고 파악하여 새로운 자유를 얻기 위한 필수 코스이다. 사실 모든 심리치료는 내가 진실로 누구이며 어떤 사람이 되고 싶은지, 내면의 진실은 무엇인지를 묻는 개별화의 과정이다. 그리고 그 진실이 정말 '내 것'인지, 나에게 맞는지, 혹시 남의 소망이나 관념이나 각인은 아닌지를 묻는 과정이다.

남들의 기대대로 '작동하는' 그런 상황을 다들 잘 알 것이다. 그 기대가 우리의 깊은 감정과 소망과 충돌할 경우 우리는 심리적 스트레스 상황에 빠지고, 심한 경우에는 그런 상황이 큰 시련이나 우울증 같은 중증 질환으로 발전할 수 있다. 자신이 되기 위해서는 우리에게 영향을 미쳤던 많은 것을 벗어던지고 새로운 자유를 얻어야 한다. 새로운 길을 개척하는 것이 얼마나 힘든지는 아마 다들 경험으로 잘 알 것이다. 고통에서 시작한 심리치료는 대부분 변화의 바람을 동반한다.

왜 하고 싶지 않은 일을 해야 하며 왜 던져버리고 싶은 것에 집착하는지 그 이유를 모르면 심리적 긴장과 내면의 갈등이 생긴다. 이런 상황을 올바르게 파악하고 무의식적 내용을 깨닫는 것이 심리치료의 목적이다.

따라서 심리치료는 힘이 많이 드는 내면의 작업이다. 심리치료를 하다 보면 온갖 감정이 터져 나온다. 슬픔, 실망, 분노, 무력감, 고통, 고독 같은 부정적 감정도 솟구치지만 감사의 마음과 기쁨, 뭉클한 감동도 느낄 수 있다. 우리가 저장했던 원고와 도식을 새롭게 인식하고 이해하면 자유의 기회가 찾아온다. 그 자유를 활용하면 해묵은 것들을 잘 선별하여 버릴 수가 있다.

우울증 환자들은 공허감을 많이 느끼며 의욕과 에너지와 웃음을 잃는다. 환자들은 자신이 너무 달라져서 딴 사람 같다는 말을 많이 한다. 평소와 달리 조그만 일에도 화를 버럭 내고 안달복달을 하는 등 '정서적 면역계'가 무너진 기분이 든다고 호소한다.

그러나 거꾸로 생각하면 그런 증상이야말로 비정상과 불협

화음을 알리는 경고의 외침이다. 비록 고통스럽더라도 매우 소중한 비상경고등이다. 심리적 위기는 우리의 감정('나는 누구인가')과 우리의 합리적 소망('나는 누구이고 싶은가')의 불일치를 의미한다. 신체는 대부분 의식보다 많은 것을 안다. 더 이상 할 수 없을 때, 힘이 다 빠진 것 같을 때 그 사실을 거울에 비추어주는 것도 우리 몸이다.

이 거울에 담긴 진실은 너무나 소중하고 지극히 개별적인 코드이다. 심리치료는 증상 뒤편에 숨은 심오한 의미를 찾아내는 과정이다. 증상이 무엇을 말하고자 하는지, 어떻게 하면 그 증상을 나의 이력과 경험과 감정과 소망과 결합시킬 수 있을지를 가르쳐준다.

심리치료는 진솔하게 자신을 대면할 수 있는 기회, 그리고 질병이 나에게 어떤 불협화음과 갈등을 알려주고자 하는지 깨달을 수 있는 기회를 준다. 깨달은 것, 이해한 것은 소화할 수 있다. 우울증을 내 것이 아닌 것으로, 자신과 아무 상관이 없는 장애로 본다면 우리가 손쓸 수 있는 것이 없다. 위기를 다시 '내 안에 받아들여' 내 것으로 만들 수 있다면 고통스러운 치료의 시간도 자신에게 주는 값진 선물이 될 수 있을 것이다.

심리치료사들은 다양한 사람들과 만나며 온갖 사연을 접한다. 자신에게 솔직하려면 용기가 필요하지만, 어차피 삶은 인간적이고 인간적인 것은 전부 다 심리치료의 대상이다.

'극한의 삶'이 습관이 되어버린 시대

현대인의 환경 조건은 번아웃 증후군의 성장세와 얼마만큼 상관관계가 있을까? 재미있게도 시간 절약은 오히려 더 많은 것을 달성하고 더 많은 것을 생산해야 한다는 압박감을 동반한다. 물론 현대인들에겐 부담을 덜 수 있는 수많은 선택 가능성이 있다. 어린이집이 있어 아이들을 맡길 수 있고, 가사 부담을 덜어줄 가전제품은 종류를 헤아릴 수 없이 많다. 그럼에도 삶은 훨씬 더 번잡스러워졌다. 더 효율적이고 더 목표 지향적으로 스스로를 최적화해야 한다는 기분을 떨쳐버릴 수 없기 때문이다.

우리는 무의미한 정보와 서비스에 파묻혀 허우적거린다. 이 넘쳐나는 정보의 홍수 속에서 결정을 내린다는 것 자체가 큰 도전이다. 초등학생들마저 패션 블로그, 유튜브 뉴스, 단체

채팅방을 열심히 쫓아가야 한다는 생각에 밤늦게까지 휴대전화를 손에서 놓지 못한다. 모두가 언제 어디서건 연락이 닿아야 하고, 모두가 늘 시간에 쫓긴다. 우리 사회는 엄청난 기회와 가능성을 제공하지만 위험과 덫도 만만치 않다. 사회는 개인에게 무한한 자격과 인내와 결단력을 요구한다.

그러나 이런 '소비 사회'에서도 심리적 관점에서 중요한 질문은 따로 있다. 바로 이런 질문들이다. 무엇이 우리 영혼을 진정으로 살찌울까? 무엇이 우리 인생을 더 풍요롭게 만들까? 가능성이 많다고 해서 실제로 얻는 이득도 더 늘어날까?

이십 년 전에 네 명이 하던 일을 지금은 두 명이 해치운다고 해서 과연 그것이 자랑스러워할 일인가? 심지어 소도 이십 년 전보다 젖을 두 배나 더 생산하는데, 과연 그것이 성공일까? 물론 대답은 보는 관점에 따라 달라질 것이다.

번아웃과 우울증 환자 수가 꾸준히 증가한다. 그 사실이 우리의 라이프스타일에 대해 무엇을 말해줄까? 우울증의 증가는 우리의 라이프스타일이 낳은 의외의 부작용일까? 아니면 우리를 병들게 만드는 우리 사회의 필연적 결과일까? 삶을 옥죄는 코르셋을 '벗어던지고' 싶다는 사람들이 늘어난다. 소박하게 살면서 진정으로 중요한 것을 되새기자는 목소리도 높아지고 있다. 이런 변화는 지금의 생활 방식이 우리에게 과도한 부담을 안긴다는 깨달음 때문에 생겨난다. 생명은 항상 균형과 항상성을 유지하기 위해 애쓴다. 사회도 개인도 마찬가지이다.

따라서 우리의 생활 방식이 부작용의 독을 내뿜는다면 그 독을 막아줄 해독제가 필요할 것이다. 이미 젊은 사람들도 사회의 압박을 견디기 위해 불안을 해소하고 능률을 높이는 의약품을 소비한다. 쫓아가지 못할 것이라는, 경쟁에 뒤처질지 모른다는 불안은 직장과 가정을 가리지 않고 독가스처럼 스며든다.

안정된 밝은 미래를 위해선 항상 남들보다 조금 더 빠르고 더 우수하며 더 효율적이어야 한다고 우리는 굳게 믿는다. '중간'은 뭔가 불만스러운 뒷맛을 남긴다. 우리는 가우스 분포도에서 벗어나려 노력하고 행복은 우리가 도달하지 못하는 곳, 성공의 정상에 있다고 믿는다. 이런 경쟁심리 속에서 우리는 자유를 놓치고, 그 삶이 진정으로 우리가 바라는 삶인지 더 이상 묻지 않는다. 우리는 엄청난 에너지를 승진에 쏟아붓지만, 정작 대부분의 사람들은 인생에서 가장 중요한 것이(특히 위기가 닥쳤을 때는) 가족이나 친구 같은 인간관계라고 대답한다.

우리에겐 이미 극한의 삶이 습관이 되어버린 것 같다. 다들 그렇게 사는 것 같아서 그것이 미친 짓이라는 생각도 들지 않는다. 작동과 기능을 지향하는 삶, 우리는 그런 삶을 기꺼이 감수한다. 여유와 인간관계와 휴식을 위한 시간은 늘 순위가 밀린다. 그러니 우울증에 빠져 더 이상 작동하지 못하는 순간 사방은 칠흑같이 깜깜해진다. 훨씬 더 깊은 실존적 차원에서 우리에게 안정을 주는 것은 돈이 아니라 인간관계이며, 힘든 시절 우리의 손을 잡아줄 수 있는 것은 공동체이다.

우리 대부분은 주변에서 탈진의 위기에 빠진 사람들을 목격했을 것이다. 그런 사람들을 보면 나도 저렇게 더 이상은 쫓아가지 못할지도 모른다는 불안감이 엄습한다. 언젠가는 나도 주어진 일을 처리하지 못하고 뒤처질지 모른다는 공포가 밀려든다.

이런 자기 소진은 우리 사회를 비추는 거울이다. 우리 사회는 모든 것이 가능하고 모든 것이 최적화될 수 있다고 믿는다. 품질 관리, 효율적 시간 관리가 직장과 일상을 점령한다. 지속적인 자기 최적화를 통한 자아실현이 우리 시대의 패러다임이다. 점점 더 빨라지는 시대의 유속은 우리에게 더 빨리 헤엄을 치라고, 더 자주 숨을 쉬라고 요구한다. 개인적 차원에서도 사회적 차원에서도 더 높이, 더 빨리, 더 멀리를 외치는 고함소리가 멈추지 않는다. 이런 압박 덕분에 최고의 기량을 발휘할 수 있게 되었는지는 몰라도, 그것이 정작 우리 각자에게도 최선인지는 아무도 묻지 않는다. 능률이 곧 진보를 의미한다.

물론 우리가 지금 누리는 온갖 문명의 이기는 능률을 앞세우는 이 사회의 달콤한 열매들이다. 그러나 그것은 동전의 한 면에 불과하다. 휴식하지 않으면, 충분히 자며 여유를 누리지 못하면 활기찬 능률의 에너지원도 금세 메마르고 만다.

이론적으로는 다 알면서도 우리가 만든 사회는 무기력과 피로와 게으름과 빈둥거림을 허락하지 않는 공간이다. 빈둥거린다는 말 자체가 이미 그 하루를 잃은 것 같은 인상을 풍긴다. 하지만 다들 알다시피 창의력은 휴식과 게으름에서 탄생하는 것이다. 당장 전화를 걸어 만나자고 하면 달려 나올 친구가 몇 사람이나 될까? 대부분이 먹고사느라, 일하며 아이를 키우느라 아등바등 산다. 얼굴 한번 보기 위해 삼 주 전부터 미리 약속을 잡아야 하는 세상이 과연 정상일까?

노동 세계만 최대의 능률과 유연성을 요구하는 것이 아니다. 아이를 키울 때도 아이의 개성을 잘 파악하여 지원을 아끼지 말아야 하고 부부 관계도 열띤 대화와 끝내주는 섹스가 넘쳐나야 한다. 이 모든 것은 불굴의 의지와 노력과 자제가 있어야 가능하다. 심지어 행복도 '행복 베스트셀러'를 읽으면 배울 수 있다고 생각한다. 행복을 극대화시켜주겠다는 온갖 조언과 훈련 방법이 쏟아져 나온다. 그래서 전문가의 조언을 제대로 잘 따라 하기만 하면 출세도 하고 애도 잘 키우고 늘 행복할 수 있다고 믿는다. 그러나 그렇게 하여 돌아오는 것은 건강과 행복이 아니라 더 큰 압박감과 부담이다.

우리 사회는 엄청난 기회를 제공하지만 추락의 가능성도 그 못지않게 크다. 따라가지 못해 주저앉거나 항복하는 사람은 다 스스로가 못난 탓이다. 정말 그럴까? 진짜 질문은 따로 있다. 탈진과 실패를 깔보는 사회가 과연 제대로 돌아가는 세상인가? 이것이 진정으로 우리가 바라는 공존의 방식일까?

번아웃이 우리에게 던지는 질문

모든 심리증상이 그렇듯 번아웃의 언어 역시 번역할 가치가 있다. 번아웃의 증상들은 불균형의 신호이다. 일체의 능력과 생산성이 일시적으로 소진되고 무너졌다는 뜻이다. 불안과 슬픔, 절망이 합리성의 자리를 대신한다. 따라서 번아웃은 절대적인 통제력의 상실을 통해 무엇이든 마음만 먹으면 다할 수 있다는 자만심의 허상을 들춘다.

번아웃은 기능성과 능력의 상실이기에 환자는 스스로를 허약해서 실패한 인간으로 생각하기 쉽다. 하지만 어쩌면 정반대일지도 모른다. 번아웃은 심리체계의 매우 건강한 반응일지 모른다. 균형이 깨졌으니 균형을 회복하자고 알리는 건강한 반응 말이다.

그 말을 하기 위해 우리의 마음이 택한 길은 매우 고통스럽지만 그것이 결코 우연은 아닐 것이다. 번아웃이 시대 현상으로 자리 잡았다는 사실은 곧 헝클어진 지금의 우리 삶을 비추는 거울일 테니까 말이다.

탈진 증상은 개인을 넘어 우리 사회 전체에 던지는 질문이다. 번아웃이 우리에게 묻는다. 어떻게 살고 싶냐고, 무엇이 진정으로 중요하냐고, 어떻게 해야 우리가 숨 쉴 수 있고 강건해질 수 있느냐고, 어떻게 해야 몸도 마음도 건강할 수 있느냐고. 건강이란 사랑과 노동의 능력을 유지하는 것이라던 프로이트의 정의를 따른다고 해도 탈진은 건강에 해로운 생활 기반의 결과물이다.

심리치료를 해보면 무한해 보이는 자아실현의 가능성은 결국 자기 착취와 자기 부담의 무한한 가능성일 뿐이며, 그 결과로 심각한 심리질환이 발생할 수 있다는 사실을 거듭 확인하게 된다. 문제를 해결하기 위해 개인이 기댈 곳은 자신밖에 없다.

직장에선 능력 있는 직원이 되기 위해, 가정에선 자상한 부모와 파트너가 되기 위해 쉬지 않고 일하고 노력하다가 한계에 이른 사람들이 나날이 늘어간다. 번아웃이라는 말 뜻 그대로 연료가 소진될 때까지 열정과 창의력의 불꽃을 다 태워버린 사람들이다. 마라톤을 하다가 주저앉은 선수를 본 적 있을 것이다. 근육에 경련이 일고 구토를 하고 숨이 가쁘며 피가 돌지 않는다. 고국에 승전 소식을 알리고 탈진하여 눈을 감았다는 그리스 전령처럼 우리 역시 사력을 다해 노력하지만 정작 성공의 달콤한 열매는 제대로 즐기지 못한다.

많은 이들이 일상의 마라톤 선수가 되어가고, 누가 쓰러졌다는 소식이 쉬지 않고 들려온다. 정계 은퇴를 선언하고 조용히 시골에서 농사나 짓겠다는 정치인들이 있는가 하면, 정신건강이 나빠져 잠시 쉬었다 컴백하는 연예인들도 적지 않고, 정신과의 숫자는 꾸준히 늘어간다. 그런 병원을 찾는 사람들 중에는 오랫동안 능력자로 칭송받던 사람들이 적지 않다. 그들은 남들보다 훨씬 똑똑하고 사교적이고 창의적이던 사람들이다.

탈진 우울증은 개인의 문제지만 우리가 만든 사회구조와 따로 떼어서는 이해할 수 없는 현상이다. 그런 의미에서도 번아웃은 우리 사회에 고민을 남긴다. 어떻게 살고 싶은지, 주어진 생명의 시간을 어떻게 쓰고 싶은지, 능률과 성공, 휴식과 인간관계를 어떻게 생각할 것인지 묻는다.

직업이 심리치료사인 만큼 나는 심각한 탈진 상태의 환자를 자주 목격한다. 그래서 소를 잃고 나서 외양간을 고치느라 수선을 피울 것이 아니라 처음부터 소를 잃지 않으려면 어떻게 해야 할지, 이미 심각한 질환에 시달리는 환자를 치료하는 것으로 그치지 않고 우리가, 우리 사회와 기업과 가정이 어떻게 해야 이런 질환을 예방할 수 있는지 고민해야 한다고 생각한다.

삶의 속도를 줄여야 한다는 외침은 들리지만 정작 내 삶에 변화를 불러오기란 불가능해 보인다.

"사장님이 괴롭혀요."

"애들 때문에 안돼요."

"동료들한테 피해를 줄 수 없어요."

"돈 벌어야 해요. 그러다 짤리면 어떻게 해요."

이런 말을 얼마나 자주 듣는지 모른다. 피곤에 찌든 가장들은 아이가 태어나도 감히 육아휴직을 신청할 용기를 내지 못하고, 젊은 엄마들은 어서 빨리 복직을 해야 한다는 압박감에 시달리며, 가족이 아파도 쉽사리 휴가를 쓰지 못한다. 돈이 큰 역할을 하지만 결정적인 이유는 아니다. 경제적인 여유가 있어도 우리는 온갖 핑계를 둘러대며 자신의 역할을 고집한다. 어찌 보면 아예 선택의 자유를 포기한 것 같다. '해야 한다'는 느낌이 '하고 싶다'는 느낌을 압도한다.

우울증의 전조는 바로 이런 내면의 괴리이다. 지금의 상황이 자신에게 좋지 않을 것이라는 느낌이 들면 우리는 마음을 다잡고 노력하기 시작한다. 몸을 단장하고 커피와 술과 단것을 먹어 능률을 올리고 실패의 두려움을 달래줄 화학 물질을 섭취하여 이런 괴리를 해소한다.

'나는 가족을 책임진 가장이야.'

'다들 하는데 나라고 못하겠어?'

'힘내. 얼마나 좋은 직장인데.'

이런 합리화로 마음을 다독이려 애쓴다. 그러나 이런 노력은 우리의 감정과 깊은 곳에 자리한 내면의 욕구를 외면하기에 절대 부담을 덜지 못한다. 우리가 자꾸 감정을 외면할 경우 우리 자아는 우울증의 형태로 줄을 잡아당기는 수밖에 다른 도리가 없다. 그럼 몸이 그냥 '스톱'해버린다. 폭력적이고 고통스럽지만 아무도 자기 말을 들어주지 않으니 다른 방법이 없는 것이다.

변화는 새로운 관점에서 생각하고 행동하겠다는 용기를 필요로 한다. 그리고 때로 이런 변화는 말 그대로 생존에 필수적이다. 그러므로 자신의 한계를 알고 다양한 가능성 중에서 올바른 선택을 할 수 있는 자유야말로 우리의 정신 건강을 위해 우리가 할 수 있는 가장 값진 일일지도 모른다.

행복은 무더운 여름 끝자락에 실려 온
한 줄기 서늘한 바람

인생사는 참 재미있습니다. 이 책을 번역하기 직전 저도 잠시 번아웃을 앓았거든요. 책의 저자만큼 대단하고 끔찍한 고통을 겪은 건 아니었어도 지나고 보니 그것이 번아웃이었더라고요.

처음에는 늘 그렇듯 몸이 아팠습니다. 만성 이석증이 고질병이라 스트레스와 과로 후엔 늘 세상이 빙빙 돌았는데 이번에도 역시 시작은 이석증이었죠. 그래도 늘 이틀 내리 자고 나면 두통은 사라졌고 한 주 지나면 어지럼증도 가라앉았기 때문에 이번에도 그러려니 생각했습니다. 그런데 한 주가 가고 두 주가 가도 증상이 호전되지 않았습니다. 맡은 일과 의무는 고스란히 쌓여 있는데 시간만 속절없이 흘렀습니다. 일을 못하니 걱정이 몰려왔고 일상이 엉망이 되니 불안했고 마음이 한없이 가라앉았습니다. 큰 파도에 휩쓸려 세상 밖으로 밀려나 외딴 섬에 혼자 남은 기분이었습니다. 억지로 힘을 짜내 컴퓨터 앞에 앉으면 십 리 길을 앞에 둔 사람마냥 아득했습니다. 자꾸만 화가 났고 저녁이면 손가락 하나 까딱할 기운이 없어 드라마를 틀어놓고 너부러져 있었습니다. 얼굴 한번 보자는 친구의 말에도 심장이 덜컥 내려앉았습니다. 거기까지 갈 길이 너무 까마득했고 돌아오는 길의 그 아래로 아래로 떨어지는 마음이 겁났기 때문이지요.

어쨌든 그렇게 아무것도 못 한 채 한 달을 넘기고 겨우겨우 이 책을 붙들고 앉았습니다. 그리고 느릿느릿 책을 읽으면서 깨달았지요. 아, 내가 번아웃이구나! 아침이면 몸에 강철 추를 매단 것처럼 도저히 몸을 일으킬 수가 없고, 밤에 눈을 감을 때마다 내일 아침 눈 뜨지 않기를 바라며, 오전 내내 정신을 차릴 수가 없어 커피만 들이켰던 것이 그냥 몸의 문제만은 아니었구나. 그래, 내가 나를 너무 혹사시켰구나. 나를 너무 몰아댔구나.

곰곰이 생각해보면 오랫동안 진행되었던 일들이었습니다. 나이 탓이려니 넘어갔던 많은 증상들이 사실은 과로와 피로의 결과였던 것이지요. 세상의 소리가 차츰차츰 높아져 자꾸 귀를 틀어막았고 시끄러운 영화를 보지 못하다가 영화 자체를 아예 보지 못하게 되었습니다. 전철도 버스도 쉬이 피로해져 문밖출입이 줄었습니다. 글자마저 읽기가 힘들어져 그 좋아하는 소설도 한 편 읽고 나면 몸살을 앓기 일쑤였지요. 그래도 조금 쉬면 괜찮아질 것이라고 다독이며 의무와 책임을 줄이지 않았습니다.

천천히 책을 읽고 번역을 하며 저자를 알아가고 나를 되돌아보았습니다. 다른 책들보다 훨씬 많은 시간이 걸렸지만 어떤 책보다 공감하며 배우는 시간이었습니다. 사실 그동안에도 번아웃이나 우울증에 대해 몰랐던 것이 아니고, 여기저기에서 이런저런 사례들을 접하기도 했습니다. 하지만 안타까워할 뿐 실감하지는 못하는 뉴스의 사연들처럼 한 귀로 듣고 한 귀로 흘려버렸던 것 같습니다. 이번에는 달랐습니다. 내가 너무 힘들고 고통스러운데 그녀의 증상이 나와 비슷했고 그게 번아웃이라니 그럼 나도 번아웃이겠구나, 절감이 되었지요. 이러다 나도 그녀처럼 심각해질 수도 있겠다는 생각에 더럭 겁이 나기도 했고, 이쯤에서 그녀를 알게 되어 얼마나 다행인가 싶기도 했습니다. 그나마 저는 그녀만큼 증상이 호되지는 않았습니다. 최소의 의무만 남기고 나머지는 다 나 몰라 했어도, 아무도 만나지 않겠다고 선언하고 집안에만 틀어박혔어도, 일하고 밥해 먹는 것 말고는 아무것도 할 수 없었어도 어쨌든 꾸역꾸역 생활은 했으니까요.

너덧 달이 흐른 지금도 저는 사람을 잘 못 만납니다. 세상은 여전히 너무나 시끄럽고, 쉬지 않고 흔들리며, 빛은 너무나 강렬하고 색깔은 너무나 눈을 찌릅니다. 일은 놓지 않으려 애쓰지만 잘 지치기 때문에 외출했다 돌아와 휙 던져놓은 스웨터처럼 구겨져 있는 시간이 많습니다. 남들에게는 평범한 일상이, 좋은 영화 한 편 보고 재미난 소설 한 권 읽는 것이 엄청난 준비와 계획이 필요한 대형 프로젝트가 된 지도 오래지요. 어쩌다 판이 예상보다 커져 어쩔 줄 모르는 노름꾼처럼 저 역시 여전히 자꾸만 확장되는 삶의 폭을 어쩌지 못해 맥놓고 있을 때가 많습니다. 배낭을 둘러메고 무작정 세계 일주에 나선 것이 아닌 이상 그 짧은 시간동안 변화가 있어봤자 얼마나 대단한 변화가 있었겠습니까.

그래도 조심조심하며 조금씩 지금보다 편안한 일상을 회복하기 위해 노력하고 있습니다. 많이 거절하고 외면하며 나를 돌아보기 위해, 삶의 곁가지를 치고 큰 가지도 쳐내고 남은 줄기를 꼭 끌어안기 위해 애쓰는 중입니다. 아무리 줄여도 내 삶의 숙제가 되어버린 의무와 책임들을 어쩌지 못해 속앓이를 할 때도 많지만 또 어느 날은 제법 편안하게 잘 지낼 수 있습니다. 오늘도 저는 의무로 피곤해진 몸과 마음을 다스리기 위해 책의 원고를 뒤적이며 뜻대로 되지 않은 인생사를 탓하지 말자고 나를 다독였습니다.

이 재미없는 이야기를 이렇게 주절주절 늘어놓는 이유는, 이 책을 읽을 당신에게, 그리고 누구보다 나에게 꼭 말하고 싶기 때문입니다.

아침에 눈을 뜰 때마다 또 하루를 살아내야 한다는 사실에 아득해지곤 하지만 그래도 억지로 몸을 일으켜 커피를 털어 넣고 어영부영 오전을 보내고 나면 반짝 정신이 돌아오는 오후 시간이 있다고.

담을 둘러치고 오롯이 들어앉아버려도 친구들은 언제까지나 나를 기다려 줄 것이며, 기다려주지 않는 친구는 애당초 그냥 떠나가게 두어도 좋을 것이라고.

행복은 무더운 여름 끝자락에 실려 온 한 줄기 서늘한 바람 같은 것이라고, 당신도 나도 가끔, 자주, 많이 행복할 수 있을 것이라고.

그리고 모든 고단한 인생에게 작은 목소리로나마 응원을 보내고 싶기 때문입니다.

"힘내요 우리, 파이팅!"이라고 말입니다.

2019년 9월 장혜경.

옮긴이 **장혜경**

연세대학교 독어독문학과를 졸업하고 같은 대학 대학원에서 박사 과정을 수료했다. 독일 학술교류처 장학생으로 하노버에서 공부했다. 현재 전문 번역가로 활동 중이다. 《삶의 무기가 되는 심리학》, 《나는 이제 참지 않고 말하기로 했다》, 《오늘부터 내 인생 내가 결정합니다》, 《나는 왜 무기력을 되풀이하는가》, 《나무수업》 등을 우리말로 옮겼다.

나는 괜찮을 줄 알았습니다

초판 1쇄 발행   2019년 10월 7일

지은이 • 노라 마리 엘러마이어
옮긴이 • 장혜경

펴낸이 • 박선경
기획/편집 • 권혜원, 한상일, 남궁은
홍보 • 권장미
마케팅 • 박언경
표지 디자인 • 엄혜리
본문 디자인 • 디자인원
제작 • 디자인원(031-941-0991)

펴낸곳 • 도서출판 갈매나무
출판등록 • 2006년 7월 27일 제2006-000092호
주소 • 경기도 고양시 일산동구 호수로 358-25 (백석동, 동문타워Ⅱ) 912호
전화 • 031)967-5596
팩스 • 031)967-5597
블로그 • blog.naver.com/kevinmanse
이메일 • kevinmanse@naver.com
페이스북 • www.facebook.com/galmaenamu

ISBN 979-11-90123-72-3 / 03180
값 14,000원

이 도서의 국립중앙도서관 출판예정도서목록(CIP)은 서지정보유통지원시스템 홈페이지 (http://seoji.nl.go.kr)와 국가자료공동목록시스템(http://www.nl.go.kr/kolisnet)에서 이용하실 수 있습니다.(CIP제어번호: CIP2019036669)